Mosaici funerari tardoantichi in Italia

Repertorio e analisi

Luigi Quattrocchi

ARCHAEOPRESS PUBLISHING LTD
Summertown Pavilion
18-24 Middle Way
Oxford OX2 7LG

www.archaeopress.com

ISBN 978 1 78491 799 9
ISBN 978 1 78491 800 2 (e-Pdf)

© Archaeopress and L Quattrocchi 2018

All rights reserved. No part of this book may be reproduced, or transmitted, in any form or by any means, electronic, mechanical, photocopying or otherwise, without the prior written permission of the copyright owners.

This book is available direct from Archaeopress or from our website www.archaeopress.com

Contents

INTRODUZIONE 1
SUMMARY 3
1. STORIA DEGLI STUDI 5
2. STRUTTURA DEL *CORPUS* 7
3. REPERTORIO MOSAICI FUNERARI TARDOANTICHI D'ITALIA 11
    3.1. SICILIA 11
        Provincia di Siracusa 11
        - Siracusa 11
        Provincia di Trapani 12
        - Salemi 12
    3.2. SARDEGNA 16
        Provincia di Cagliari 16
        - Nora 16
        - Cagliari 17
        - San Sperate 39
        - Cuglieri, Cornus 42
    3.3. PUGLIA 53
        Provincia di Barletta – Andria – Trani 53
        - Canosa 53
    3.4. CAMPANIA 54
        Provincia di Napoli 54
        - Napoli 54
        Provincia di Caserta 61
        - Teano 61
    3.5. LAZIO 63
        Provincia di Roma 63
        - Roma 63
    3.6. MARCHE 66
        Provincia di Ancona 66
        - Ancona 66
    3.7. FRIULI VENEZIA GIULIA 69
        Provincia di Gorizia 69
        - Grado 69

4. IL FENOMENO DEL MOSAICO FUNERARIO TARDOANTICO: ANALISI ...79
- 4.1. La distribuzione geografica 79
- 4.2. Datazione 81
- 4.3. Tipologia 82
- 4.4. Disposizione 82
- 4.5. Luoghi di ritrovamento 83
- 4.6. I motivi decorativi 84
  - 4.6.1. Le cornici 84
  - 4.6.2. I chrismoi 85
  - 4.6.3. I motivi vegetali 87
  - 4.6.4. I kantharoi 87
  - 4.6.5. Gli uccelli 89
  - 4.6.6. La figura umana 90
- 4.7. Confronti 91
- 4.8. Le botteghe musive 94

5. CONCLUSIONI 97

6. BIBLIOGRAFIA 103
- 6.1 Abbreviazioni 113

List of Figures and Tables

Fig. 1 Mosaico SAL 1, Basilica di San Miceli, Salemi (foto di B. Palermo). 13

Fig. 2 Mosaico SAL 2, Basilica di San Miceli, Salemi (da Novara 1975). 15

Fig. 3 Mosaico NOR 1, Chiesa di Sant'Efisio, Nora (da Mureddu - Stefani 1986). 17

Fig. 4 Mosaico CAG 1, particolare dell'embricatura e della cornice
(da Mureddu – Stefani 1986) 18

Fig. 5 Mosaico CAG 1, Basilica di San Saturnino, Cagliari (da Mureddu – Stefani 1986). 19

Fig. 6 Mosaico CAG 1, Basilica di San Saturnino, Cagliari (da Mureddu – Stefani 1986). 19

Fig. 7 Mosaico CAG 2, riproduzione dell'epigrafe (Da Longu 2016). 20

Fig. 8 Mosaico CAG 4, riproduzione seicentesca (da Mureddu – Stefani 1986) 22

Fig. 9 Mosaico CAG 5, riproduzione seicentesca, versione A, Iglesiica, Cagliari
(da Mureddu – Stefani 1986) 24

Fig. 10 Mosaico CAG 5, riproduzione seicentesca, versione B, Iglesiica, Cagliari
(da Mureddu – Stefani 1986) 24

Fig. 11 Mosaico CAG 6, riproduzione seicentesca, Iglesiica, Cagliari (da Mureddu –
Stefani 1986) 25

Fig. 12 Mosaico CAG 7, riproduzione seicentesca, 'prima chiesa sotterranea', Cagliari
(da Mureddu – Stefani 1986) 27

Fig. 13 Mosaico CAG 9, riproduzione seicentesca (da Longu 2016). 29

Fig. 14 Mosaico CAG 10, riproduzione seicentesca dell'epigrafe (da Longu 2016). 31

Fig. 15 Mosaico CAG 12, riproduzione seicentesca (da Longu 2016). 33

Fig. 16 Mosaico CAG 16, riproduzione seicentesca dell'epigrafe (da Longu 2016). 36

Fig. 17 Mosaico CAG 17, riproduzione seicentesca (da Longu 2016). 37

Fig. 18 Mosaico FOR 1, Magazzini presso Comune di Fordongianus (foto dell'Autore). 41

Fig. 19 Mosaico TUR 1, Antiquarium Turritano, Porto Torres (foto dell'Autore). 43

Fig. 20 Mosaico TUR 2, Antiquarium Turritano, Porto Torres (foto dell'Autore). 45

Fig. 21 Mosaico TUR 3 al momento della scoperta (da Angiolillo 1981). 47

Fig. 22 Mosaici TUR 4-5, Basilica di San Gavino, Porto Torres, disegno
(da Pani Ermini – Manconi 2002). 49

Fig. 23 Mosaico TUR 22, Basilica di San Gavino, Porto Torres (da Carrada 2006). 50

Fig. 24 Mosaico CAN 1, Complesso episcopale San Pietro, Canosa (da Volpe et al. 2002) 53

Fig. 25 Mosaico NAP 1, Catacombe di San Gennaro (da Amodio 2015). 55

Fig. 26 Mosaico TEA 1, Museo archeologico di Teanum Sidicinum (foto dell'Autore). 62

Fig. 27 Mosaico ANC 1, Chiesa di Santa Maria della Piazza, Ancona (da EDCS). 67

Fig. 28 Mosaico ANC 2, Chiesa di Santa Maria della Piazza, Ancona (da EDCS). 68

Fig. 29 Mosaico GRA 1, Chiesa di Sant'Eufemia, Grado (da EDCS) 70

Fig. 30 Mosaico GRA 2, Chiesa di Sant'Eufemia, Grado (da EDCS) 72

Fig. 31 Distribuzione geografica dei mosaici funerari tardoantichi in Italia. 80

Fig. 32 Datazione dei mosaici funerari tardoantichi in Italia. 81

Fig. 33 Tipologia dei mosaici funerari tardoantichi in Italia. 82

Fig. 34 Disposizione dei mosaici funerari tardoantichi in Italia. 83

Fig. 35 Luoghi di ritrovamento dei mosaici funerari tardoantichi in Italia. 84

Fig. 36 Dettaglio della cornice dei mosaici TUR 1-2, Antiquarium Turritano, Porto Torres (foto dell'Autore). 85

Fig. 37 Cornice del mosaico FOR 1, magazzini del Comune di Fordongianus (foto dell'Autore). 86

Fig. 38 Dettaglio del chrismon del mosaico SAL 1, Basilica di San Miceli, Salemi (foto dell'autore). 87

Fig. 39 Dettaglio del chrismon del mosaico TUR 1, Antiquarium Turritano, Porto Torres (foto dell'Autore). 88

Fig. 40 Dettaglio dei kantharoi del mosaico FOR 1, magazzini del Comune di Fordongianus (foto dell'Autore). 89

Fig. 41 Colomba del mosaico TUR 1, Antiquarium Turritano, Porto Torres (foto dell'Autore). 90

Fig. 42 Particolare della Vergine con Gesù del mosaico TEA 1, Museo archeologico di Teanum Sidicinum (foto MIBACT). 92

INTRODUZIONE

Il potenziale dei mosaici funerari è spesso stato sottovalutato, dando così una lettura parziale del fenomeno, non solo per l'Italia ma per tutto il Mediterraneo occidentale.

Questo lavoro cerca di dare una nuova luce a questi reperti, spesso frammentari, perduti o poco studiati.

La prima parte del libro è formata dalla storia degli studi e da una sintetica spiegazione della struttura del *corpus*.

Il *corpus*, a sua volta, è frazionato nelle attuali suddivisioni amministrative e nello specifico ritroviamo: Sardegna, Sicilia, Puglia, Campania, Lazio, Marche e infine Friuli Venezia Giulia. Ogni regione ha poi subito un'ulteriore divisione in province e comuni attuali.

Il lavoro non vuole essere una mera compilazione di dati da inserire in un catalogo, per questo nella seconda parte del testo si è cercato di rendere più completo il discorso sui mosaici funerari ritrovati nella Penisola Italica e nelle Isole maggiori, fornendo informazioni circa la distribuzione geografica, la datazione, la tipologia, i luoghi di ritrovamento, lo studio iconografico e la ricerca di eventuali botteghe.

Il fine di questo lavoro è quello di rendere noto i mosaici funerari, poiché in letteratura non hanno avuto successo come i loro parenti ritrovati nelle ricche ville o *domus*. Forse, proprio in virtù del fatto che non sono esteticamente 'appetibili', questi reperti sono stati dimenticati e mai studiati nel loro insieme. In realtà i mosaici funerari ci offrono informazioni preziose per la ricostruzione di certi aspetti della Tarda Antichità. Si pensi per esempio alla *koiné* che sono andati creando a partire da almeno il IV secolo d.C., tra il Nord Africa, l'Italia e la Penisola Iberica. Una *koiné* non soltanto artistica, ma culturale, un cambiamento, seppure minimo, nel modo di deporre i defunti, soprattutto cristiani.

I pochi casi trattati in queste pagine, 60 in totale, offrono un'infinitesimale visione del fenomeno all'interno del Mediterraneo occidentale, che andrebbe studiato in maniera più approfondita prendendo in esame tutte le aree coinvolte dal fenomeno stesso.

Si è preferito tralasciare lo studio epigrafico perché risulta essere quello maggiormente affrontato dagli studiosi, e nulla poteva aggiungersi di nuovo di quanto già detto. Per questo motivo viene offerta la trascrizione degli epitaffi solo a fine di completare le schede dei singoli mosaici.

Il lavoro che qui si propone, dunque, non vuole essere un punto di arrivo, ma un punto di partenza che possa risultare utile e stimolante per gli studi futuri.

SUMMARY

The potential of tomb mosaics as an academic resource has often been underestimated and consequently they have only been partially analysed not only in Italy but also throughout the Western Mediterranean. This work is intended to shed a new light on these finds, which are often incomplete, lost, or little studied.

The first part of the book presents the history of previous studies on the subject and briefly explains the structure of the corpus. The corpus, in turn, is organised according to current Italian administrative regions, specifically: Sardegna, Sicilia, Puglia, Campania, Lazio, Marche, and Friuli Venezia Giulia. Every region is then further divided following current provinces and municipalities.

This work does not aim to present merely a compilation of data in a catalogue; thus the second part of the book focuses specifically on tomb mosaics found in the Italic peninsula and major islands, and provides information on their geographic distribution, dating, typology, place of discovery and iconography, and considers the potential identification of individual workshops.

The purpose of the book is to bring tomb mosaics to greater consideration, since they have not survived in academic literature to the same extent as did their rich villa or domus counterparts. It is possible that this group of finds has been forgotten and poorly studied because the mosaics are not aesthetically appealing. However, they offer valuable information for the reconstruction of certain aspects of Late Antiquity. The koiné they created starting from at least the IV century AD, in North Africa, Italy and the Iberian peninsula was not just an artistic koiné, but also a cultural one: a change, albeit minimal, in the way of burying the dead, especially Christians. The examples, 60 in total, treated in these pages, offer a sample of this phenomenon within the Western Mediterranean, which merits deeper study by including all the areas involved.

The epigraphic element of the material has not been considered here as this aspect has been the one most studied by academics and there has been little new to add. Therefore transcriptions of the epitaphs are provided only to complete the forms of the mosaics.

This work does not aspire to be a complete analysis of the subject, but rather a starting point which can be both useful and a stimulus for future studies.

1. STORIA DEGLI STUDI

Le prime notizie inerenti scoperte di mosaici funerari si hanno a partire dal XVII secolo, quando in Sardegna inizio la cosiddetta ricerca dei *Cuerpos Santos*[1] e in occasione di questi scavi vennero alla luce diverse testimonianze musive, oggi scomparse e delle quali disponiamo di alcuni disegni d'epoca. In particolare le ricerche si concentrarono sulla Basilica di S. Gavino a Porto Torres[2] e nell'area della Basilica di San Saturnino.[3] Queste primordiali notizie sono spesso state accusate di essere dei falsi, soprattutto per quello che riguarda il contenuto degli epitaffi, sebbene non manchino studiosi scettici riguardo la falsità di tali reperti.[4] Certo è che i formulari presenti in questi mosaici, in molti casi, si discostano notevolmente dalla prassi epigrafica dell'età tardoantica, per quanto i disegni ci mostrino dei mosaici funerari perfettamente in linea con la *koiné* mediterranea dei secoli IV-VI.

Dopo queste prime scoperte, almeno per quanto riguarda le zone indagate in questo lavoro, si ebbe un profondo silenzio che si ruppe, nel primo decennio del 1900, con la scoperta di un ricco mosaico a Teano che ricopriva una tomba.[5] Successivamente si ebbero notizie di altre scoperte, più o meno fortuite[6] e il fenomeno non fu mai indagato. Con lo svilupparti dei *corpora* musivi ed epigrafici, questi mosaici furono inseriti all'interno di questi volumi. Questo accadde soprattutto per le testimonianze sarde[7] e di recente per un mosaico ritrovato a Canosa.[8] In altri casi vennero solo citati, senza mai addentrarsi troppo nel loro studio. Probabilmente perché questa particolare tipologia di mosaici, spesso privi di qualsivoglia decorazione figurata, non entrò mai negli studi del settore, nei quali invece troviamo pezzi iconograficamente più interessanti.

---

[1] A tal proposito si veda: Longu 2016.
[2] Manca De Cedrelles 1846.
[3] D'Esquivel 1617; Esquirro 1624; Carmona 1631.
[4] Mureddu – Stefani 1986: 347-348.
[5] Spinazzola 1907: 697-703.
[6] Si veda la bibliografia delle singole schede.
[7] Angiolillo 1981; Corda 1999.
[8] Nuzzo 2011.

Tentativi di sintesi e di approfondimento però, a ragion del vero, si hanno: il contributo delle studiose D. Mureddu e G. Stefani[9] per primo ci porta a pensare che questi mosaici affondassero le loro radici nel Nord Africa, regione nella quale questo fenomeno è abbondante, interessante soprattutto per lo studio d'archivio e la rivalutazione di alcuni pezzi valutati falsi.

Per l'area campana si deve ricordare lo studio di M. Amodio[10] nel quale trovano spazio i mosaici funerari rinvenuti nelle catacombe napoletane: anche in questo caso la studiosa era concorde nel trovare una ispirazione africana al fenomeno.

Di recente G. Ferri[11] ritorna sul problema dei mosaici sardi, apportando però note sulla loro iconografica. L'ultimo contributo[12] in ordine cronologico affronta solo marginalmente il problema dei mosaici funerari ritrovati nel territorio italiano, incentrandosi su un ridottissimo numero di esemplari (49 in tutto) presenti in tutto il Mediterraneo.[13]

Sino ad oggi, dunque, risulta assente un contributo di ampio respiro, che tenga in considerazione tutte le coperture tombali musive ritrovate nella Penisola e nelle Isole, che prenda in esame, inoltre, il fenomeno.

---

[9] Mureddu – Stefani 1986: 339-362.
[10] Amodio 2005.
[11] Ferri 2015: 557-564.
[12] David *et al.* 2016: 377-383.
[13] Si tenga presente che nella sola regione della Bizacena, in Tunisia, abbiamo notizia di più di 400 mosaici funerari.

2. STRUTTURA DEL *CORPUS*

Il catalogo è stato pensato per essere di agevole e intuitiva consultazione. Per questo motivo si ha una prima parte dedicata interamente alle schede dei singoli mosaici e una seconda parte più discorsiva.

Le schede sono poste secondo i criteri del CIL, dunque con un orientamento Sud-Nord, partendo dalla Sicilia e finendo al Friuli Venezia Giulia. In questo modo si rinuncia a ricalcare i territori amministrativi antichi, per precisa volontà di catalogazione e di rapida consultazione, ponendo il nome della Regione e della provincia attuale.

La scheda utilizzata riprende la falsa linea dei vari *corpora* del settore anche se in questo caso è stata rivista per le esigenze dei reperti trattati. A questo proposito la scheda si divide in:

Denominazione: un nome univoco formato dalle prime tre lettere del luogo di ritrovamento[14] seguito da un numero crescente;

Località: il luogo di ritrovamento del mosaico;

Ubicazione: dove è possibile ammirare oggi il mosaico[15]

Misure: dimensioni del reperto e ove possibile delle tessere;

Cromia: i colori delle tessere impiegate nel mosaico;

Decorazione: i motivi decorativi figurati presenti nel tessellato;

Elementi geometrici: i motivi geometrici presenti nel tessellato secondo la catalogazione del *Décor Géométrique*,[16] abbreviati con la sigla DG;

Iscrizione: l'epitaffio, se presente, trascritto senza scioglimenti;

---

[14] Si preferisce utilizzare il nome attuale, sebbene in qualche caso si utilizzi il nome antico per una maggiore comprensibilità.
[15] Se il pezzo non risulta essere consultabile vi si apporrà la dicitura 'perduto'.
[16] Balmette *et al.*, 1985.

Trascrizione: la trascrizione dell'epitaffio con i dovuti scioglimenti;

Datazione: la datazione del reperto, secondo l'analisi stilistica o stratigrafica;

Gruppo: ovvero il gruppo di appartenenza (monopartito, bipartito, tripartito) e il sottogruppo (*tabula ansata*, cassone).

Bibliografia: la bibliografica di riferimento per il mosaico;

Descrizione e osservazioni: la descrizione del reperto in maniera analitica ed eventuali osservazioni.

La seconda parte del catalogo avrà una natura più discorsiva, suddivisa per blocchi tematici.

Distribuzione geografica: la parte dedicata a identificare quali zone sono le maggiormente e le meno colpite da questo fenomeno.

Datazione: in questa sezione si mettono in relazione i centri di produzione durante i secoli, in modo tale da comprendere dove si ha una produzione continuativa, dove la stessa appare e scompare.

Tipologia: qui si vedranno quali sono i gruppi maggiormente utilizzati.

Disposizione: la parte dedicata a esplicitare quale è la disposizione maggiormente utilizzata.

Luogo di ritrovamento: si mettono in relazione i luoghi di ritrovamento durante i vari secoli in modo da poter notale quale è il luogo (basilica, necropoli, catacomba etc.) nei quali si ha un maggiore numero di esemplari e in quali secoli.

I formulari: una piccola parte, soprattutto riassuntiva, per vedere quali sono i funerari epigrafici ritrovati in questi mosaici.

Studio iconografico: in questa sezione si trova lo studio dei motivi decorativi, geometrici e figurati.

Le botteghe: la ricerca e la comprensione di eventuali botteghe presente nelle aree analizzate.

3. REPERTORIO MOSAICI FUNERARI TARDOANTICHI D'ITALIA[17]

3.1. SICILIA
Provincia di Siracusa
- Siracusa

1)
Denominazione: SIR 1
Località: Siracusa
Ubicazione: Cimitero di San Giovanni
Misure: ///
Cromia: Bianco, grigio.
Decorazione: ///
Elementi Geometrici: ///
Iscrizione: BI [...]ENA[...] E
Trascrizione: Βι [...]ἐνζά[δε κ]ε[ῖται...].[18]
Datazione: ///
Gruppo: ///
Bibliografia: Ahlqvist 1995: 121, 379.
Descrizione e Osservazioni:
Un frammento d'iscrizione musiva ritrovata nel Cubicolo Q, parete N in precario stato di conservazione. Rimangono solo due righe di iscrizione in greco, molto lacunose.

---

[17] In questo lavoro non verranno presi in esame i mosaici di Santa Croce Camerina che la studiosa G. Ferri annovera tra i mosaici funerari (Ferri 2015, 557, nota 1). La decisione di non trattare questi mosaici nasce dal fatto che in realtà non sono mosaici funerari; i mosaici di Santa Croce Camerina (Vitale 1997, 217-232) i quali sono semplici mosaici pavimentali, che sì coprono delle tombe, ma non sono ad esse legati.
[18] Trad. '... qui (giace)...'

2)
Denominazione: SIR 2
Località: Siracusa
Ubicazione: Cimitero di S. Diego
Misure: ///
Cromia: Bianco, grigio.
Decorazione: ///
Elementi Geometrici: ///
Iscrizione: ///
Trascrizione: ///
Datazione: ///
Gruppo: ///
Bibliografia: Ahlqvist 1995: 243-244, 387.
Descrizione e Osservazioni:
Frammento d'iscrizione musiva ritrovata presso la Galleria a, parete N. Rimangono deboli tracce di lettere, oggi illeggibili.

Provincia di Trapani
- Salemi

3)
Denominazione: SAL 1
Località: Salemi
Ubicazione: Basilica di San Miceli
Misure: ///
Cromia: Bianco, nero, rosso.
Decorazione: *Chrismon*
Elementi Geometrici: DG 2j
Iscrizione: ΜΑΚ[...] ΠΡΕΒ / ΥΞΕ [...] ΠΕΡC / ΤΙΓ [...] ΑΞ ΚΟ / ΒΟΥΛΔΕΟΥ
Trascrizione: Μακ[...] πρε(σ)βυξε [...] περξτιγ[...] αξ Κοβουλδεοσ.[19]
Datazione: Metà del V secolo
Gruppo: Tripartito
Bibliografia: Novara 1975: 51.

---

[19] Trad. 'Macario presbitero... per la salvezza di Kobuldeo'.

Fig. 1 Mosaico SAL 1, Basilica di San Miceli, Salemi (foto di B. Palermo).

Descrizione e Osservazioni:
Il mosaico (fig. 1) venne ritrovato all'ingresso dell'abside, lacunoso e in precario stato di conservazione. La disposizione del mosaico è orizzontale. La cornice è del tipo dentato (DG 2j) e il campo musivo presenta il pannello destro con un grande *chrismon* in tessere rosse, mentre la parte centrale è interessata dall'epitaffio disposto su quattro righe senza linee di supporto.

4)
Denominazione: SAL 2
Località: Salemi
Ubicazione: Basilica di San Miceli
Misure: ///
Cromia: Policromo
Decorazione: Cerchio con croce greca
Elementi Geometrici: ///
Iscrizione: DIONI / SIUS P / RESBUT / ER VIX / IT IN PA / CE AN LV.
Trascrizione: *Dionisius Presbuter vixit in pace an(nnis) LV.*
Datazione: Metà del V secolo
Gruppo: Tripartito
Bibliografia: Novara 1975: 52
Descrizione e Osservazioni:
Il mosaico (fig. 2) fu ritrovato nella navata centrale della basilica, affiancato ad altri rivestimenti musivi, con lacune ma in buono stato di conservazione. La disposizione è verticale. La cornice non è ben inquadrabile, per quanto sembrerebbe una successione di semicerchi incrociati. Il campo musivo è diviso in tre registri: il superiore decorato da un circolo con dentro una croce greca con i bracci svasati; al centro troviamo l'iscrizione in sei righe con linee di supporto; nel registro inferiore invece si trovano due cerchi dal quale spuntano dei segmenti, chissà indicanti un disco solare.

Fig. 2 Mosaico SAL 2, Basilica di San Miceli, Salemi (da Novara 1975).

3.2. SARDEGNA
Provincia di Cagliari
- *Nora*

5)
Denominazione: NOR 1
Località: Nora
Ubicazione: Chiesa di Sant'Efisio, Nora (?).
Misure: 95 x 42 cm
Cromia: Bianco, nero, rosso, verde, giallo.
Decorazione: Motivi floreali, colomba.
Elementi Geometrici: DG 62c var.
Iscrizione: [...] ANNIS P M L REC / [...]N PACE QUIEBIT / [...]IXIT ANNIS P M / [...]N PACE QUIE[...]
Trascrizione: *[... Vixit] annis p(lus) m(inus) L rec(essit) [...i]n pace quiebit [...v]ixit annis p(lus) m(inus) [...i] pace quie[bit].*
Datazione: Fine IV secolo – Primo quarto V secolo
Gruppo: Monopartito
Bibliografia: Mureddu – Stefani 1986: 345-346; Sangiorgi 2002: 355-356; Quattrocchi 2014: 249-250; Ferri 2015: 357-358.
Descrizione e Osservazioni:
Il mosaico (fig. 3) venne rinvenuto presso la Chiesa di Sant'Efisio, in stato frammentario. Trattasi di un tessellato monopartito, con disposizione orizzontale. La cornice è del tipo a fila di calici trifidi (fiori di loto) diritti e capovolti (DG 62c var.). Il campo musivo è interessato da un'iscrizione della quale risultano superstiti quattro righe, ai lati dell'iscrizione, nell'angolo basso destro è una colomba variopinta. D. Mureddu e G. Stefani affermano che si tratti di una tomba doppia, a nostro avviso la ripetizione di verbi quali *recessit, quievit* per due volte, potrebbe indicare invece una triplice deposizione.

FIG. 3 MOSAICO NOR 1, CHIESA DI SANT'EFISIO, NORA (DA MUREDDU - STEFANI 1986).

- *Cagliari*

6)
Denominazione: CAG 1
Località: Cagliari
Ubicazione: Basilica di San Saturnino
Misure: a) 100 x 93 cm; b) 100 x 60 cm; c) 36 x 328
Cromia: Bianco, nero, ocra, grigio
Decorazione: Embricatura
Elementi Geometrici: DG 60e
Iscrizione: [...] E XIII [..]
Trascrizione: *[sub di]e XIII[...]*.
Datazione: Prima metà del V secolo
Gruppo: Bipartito? *Tabula ansata?*
Bibliografia: Mureddu – Stefani 1986: 340-344; Quattrocchi 2014: 250-251; Quattrocchi 2015a: 228-229
Descrizione e Osservazioni:
I frammenti musivi sono stati rinvenuti presso la Basilica di San Saturnino, in precario stato di conservazione. La disposizione sembrerebbe essere verticale, ma non possiamo definire con esattezza la tipologia, sebbene sembra appartenere al tipo bipartito

con *tabula ansata*, ma non vi è certezza. Nel frammento a (fig. 4) si vede la cornice è del tipo ondulato (DG 60e) e il campo musivo è decorato da un'embricatura di squame ombreggiate adiacenti, mentre in basso si scorgono esili frammenti di quella che poteva essere una *tabula ansata*. Il frammento b (fig. 5) è di difficile lettura, sembra avere una decorazione geometrica. Il frammento c presenta una sola linea, molto guasta, di iscrizione e deboli tracce di cornice.

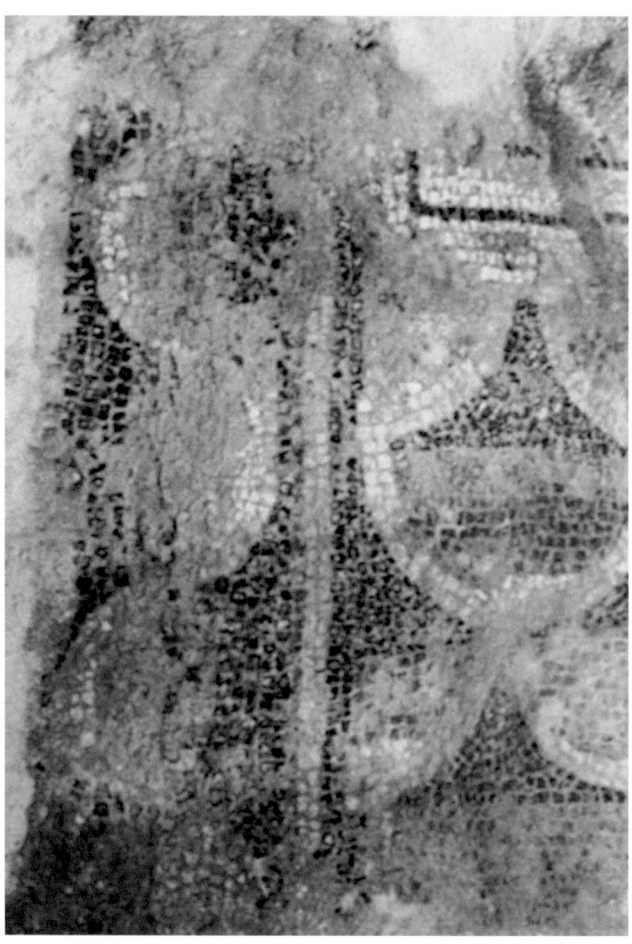

FIG. 4 MOSAICO CAG 1, PARTICOLARE DELL'EMBRICATURA E DELLA CORNICE (DA MUREDDU – STEFANI 1986).

Fig. 5 Mosaico CAG 1, Basilica di San Saturnino, Cagliari (da Mureddu – Stefani 1986).

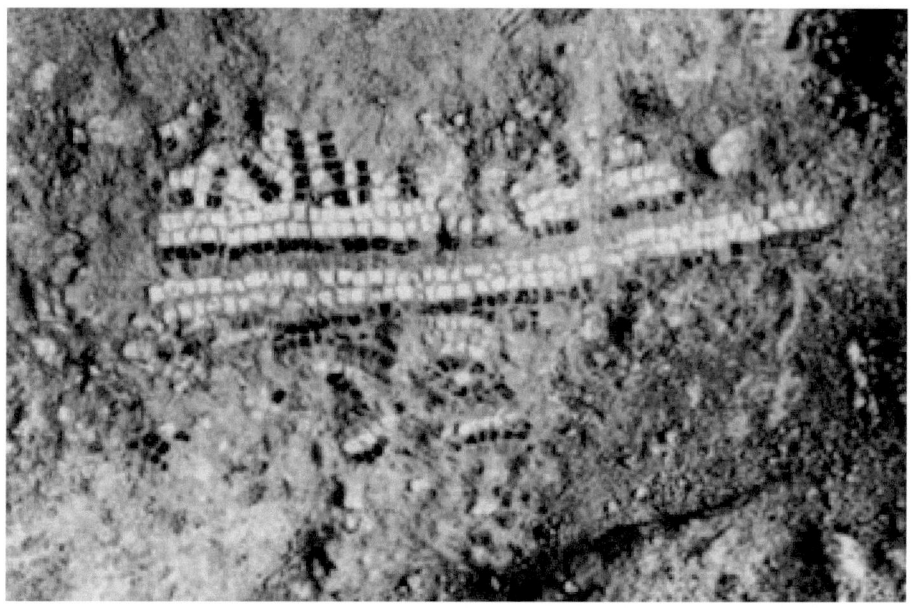

Fig. 6 Mosaico CAG 1, Basilica di San Saturnino, Cagliari (da Mureddu – Stefani 1986).

7)
Denominazione: CAG 2
Località: Cagliari
Ubicazione: Perduto
Misure: ///
Cromia: ///
Decorazione: ///
Elementi Geometrici: ///
Iscrizione: ///
Trascrizione: *Romanianus? Valeria?*
Datazione: ///
Gruppo: ///
Bibliografia: Loddo Canepa 1974: 264-265; Mureddu – Stefani 1986: 348-349; Longu 2016: 185.
Descrizione e Osservazioni:
Il mosaico, rinvenuto nei pressi della Basilica di San Saturnino in una 'chiesa sotterranea', è citato da fonti seicentesche che riferiscono presentasse un'iscrizione funeraria dedicata a *Romanianus* e *Valeria*.

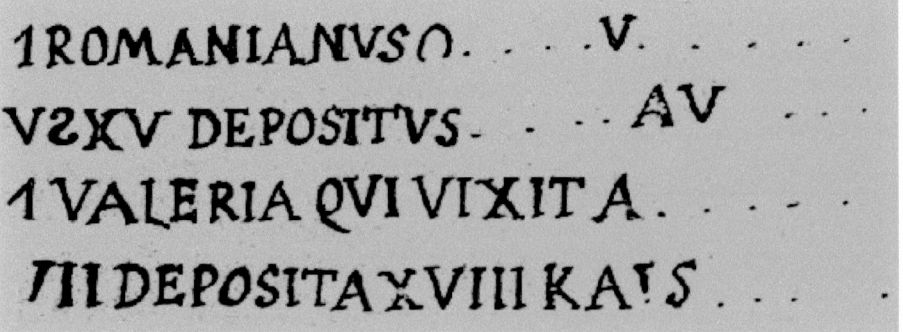

Fig. 7 Mosaico CAG 2, riproduzione dell'epigrafe (Da Longu 2016).

8)
Denominazione: CAG 3
Località: Cagliari
Ubicazione: Perduto
Misure: ///
Cromia: ///
Decorazione: ///
Elementi Geometrici: ///
Iscrizione: ///
Trascrizione: *Iulius?*
Datazione: ///
Gruppo: ///
Bibliografia: Mureddu – Stefani 1986: 349.
Descrizione e Osservazioni:
Il mosaico venne rinvenuto presso la Basilica di San Saturnino, ormai perduto. Sembra fosse dedicato a *Iulius*.

9)
Denominazione: CAG 4
Località: Cagliari
Ubicazione: Perduto
Misure: ///
Cromia: Policromo?
Decorazione: *Kantharos*, uccelli, vegetali.
Elementi Geometrici: DG 44c?
Iscrizione: ///
Trascrizione: ///
Datazione: Metà del V secolo - VI secolo?
Gruppo: Monopartito?
Bibliografia: Mureddu – Stefani 1986: 349; Ferri 2015: 559.
Descrizione e Osservazioni:
Del mosaico rinvenuto in un orto nei pressi della Basilica di San Saturnino rimane oggi solo uno schizzo seicentesco (fig. 8). Dal disegna il mosaico sembra essere monopartito e disposizione

FIG. 8 MOSAICO CAG 4, RIPRODUZIONE SEICENTESCA (DA MUREDDU – STEFANI 1986).

verosimilmente orizzontale, con una cornice del tipo DG 44 e, con nel campo musivo un *kantarhos* con uccelli fronteggiati e vegetali. Dubitiamo che lo schizzo riproduca fedelmente il mosaico, per quanto l'iconografia sia ben conosciuta.[20] Se invece il disegno fosse fedele, possiamo propendere per una datazione verso la metà del V secolo, che si protrae sino ad almeno il VI secolo

---

[20] Un esempio sopra gli altri è un mosaico, ora conservato presso il Museo di Sousse con n. inv. 10.554, trovato in un cimitero vicino al vecchio arsenale di Sousse: Truillot – Martignon 1938-1940: 696-698; Duval 1981: 69-70.

10)
Denominazione: CAG 5
Località: Cagliari
Ubicazione: Perduto
Misure: ///
Cromia: Policromo
Decorazione: ///
Elementi Geometrici: DG 70j?
Iscrizione: Versione A) DE SANCTO LUXORIO; Versione B) (Croce) BONE MEMO / M LUXU[...] US NOB / QUIEBIT
Trascrizione: Versione A) *De Sancto Luxorio*; Versione B) *(Croce) Bon(a)e memo(riae) M(artyr) Luxu(ri)us nob(ilis) quiebit.*
Datazione: Prima metà del IV secolo.
Gruppo: Monopartito
Bibliografia: Carmona 1631; CIL X, 1297*; Mureddu – Stefani 1986: 350; Longu 2016: 90-96.
Descrizione e Osservazioni:
Di questo mosaico rimangono solo due schizzi, A e B entrambi eseguiti dal Carmona. Venne rinvenuto nella '*Capilla* mayor' di quella chiesa conosciuta come *Iglesiica*. In entrambi i disegni abbiamo un mosaico monopartito, con disposizione orizzontale e incorniciato da una treccia, probabilmente la DG 70 j. La versione A (fig. 9) riporta una sola riga di epigrafe, alquanto dubbia, la versione B (fig. 10) presenta tre righe d'iscrizione e risulta essere, per il contenuto, più affidabile. Da quanto si evince parrebbe la sepoltura del martire e santo Lussorio, concorde con una datazione della prima metà del IV secolo, o chissà un cenotafio.

Fig. 9 Mosaico CAG 5, riproduzione seicentesca, versione A, Iglesiica, Cagliari (da Mureddu – Stefani 1986).

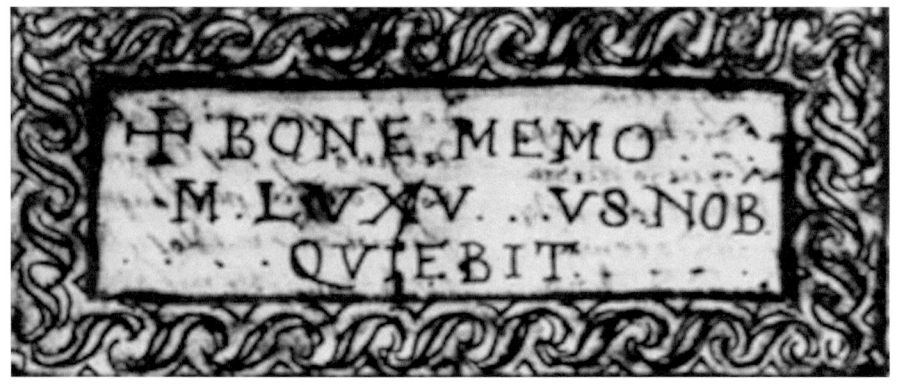

Fig. 10 Mosaico CAG 5, riproduzione seicentesca, versione B, Iglesiica, Cagliari (da Mureddu – Stefani 1986).

11)
Denominazione: CAG 6
Località: Cagliari
Ubicazione: Perduto
Misure: ///
Cromia: Policromo?
Decorazione: ///
Elementi Geometrici:
Iscrizione: Versione Longu: IC IACET B M IULIANUS / VI BIXIT ANNIS [...]NUS XX / REQUIEVIT [....] VIRGINIS PARTU[...]
Trascrizione: Versione Longu: *[H]ic iacet b(onae) m(emoriae) Iulianus [q]ui bixti annis [plus mi]nus XX requievit [in pace sub die] Virginis partu [...].*
Datazione: Prima metà del IV secolo.
Gruppo: Monopartito
Bibliografia: CIL X, 1258*; Mureddu – Stefani 1986: 350; Floris 2008: 179; Longu 2016: 112.
Descrizione e Osservazioni:
Il mosaico (fig. 11) venne rinvenuto presso '*Capilla* mayor' di quella chiesa conosciuta come *Iglesiica*. Del pavimento monopartito con disposizione orizzontale rimane solo uno schizzo, talvolta confuso. Dentro la cornice formata dall'alternanza di tre cerchi e di un rettangolo abbiamo il campo musivo con la sola epigrafe. Particolare e unico l'utilizzo dell'espressione *virginis partu*, che potrebbe indicare non che il defunto nacque da un parto virginale, ma bensì che morì nel giorno dell'unico parto virginale, ovvero Natale. Con probabilità potrebbe trattarsi di un falso.

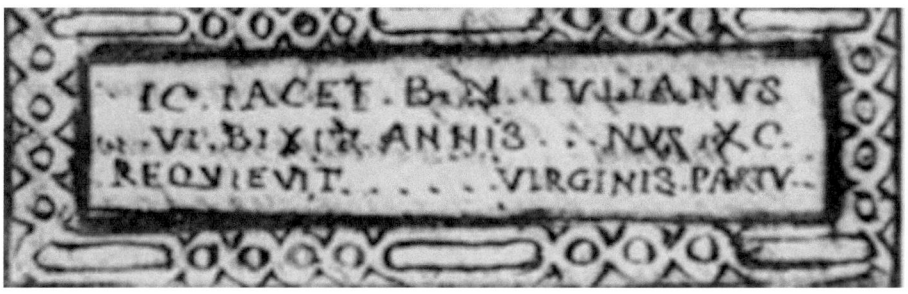

FIG. 11 MOSAICO CAG 6, RIPRODUZIONE SEICENTESCA, IGLESIICA, CAGLIARI (DA MUREDDU – STEFANI 1986).

12)
Denominazione: CAG 7
Località: Cagliari, 'prima chiesa sotterranea'.
Ubicazione: Perduto
Misure: ///
Cromia: Policromo
Decorazione: ///
Elementi Geometrici: DG 18a?
Iscrizione: Versione Esquivel: [...]M• BONIFATIU[..] EP[..] / [...] T[...] XPI DIP • QUI VIVTI • A [...] MS ΓX R.EQVIEVIT / [...] V KAL IANS [...]
Versione Esquirro: B[...] M[...] BONIFATIAT E[...] / YC DIP QVI IAVTI A[...] / [...] MS XI REQVIE[...] / [...] V KAL IANS
Trascrizione: Versione Esquivel: *[Hic iacet b(eatus)] m(artyr) Bonifatiu[s] ep[iscopus / e]t Chr(ist)i di(sci)p(ulus) qui vixit a[nnos / pl(us)] m(i)n(us) LX requievit [in pace] / V kal(endas) ian(uaria)s.*
Versione Esquirro: *[B(eatus)] m(artyr) Bonifatius e[pis(copus)] / Y(esu) C(hristi) di(sci)p(ulus) qui vixit a[nnis / pl(us)] m(i)n(us) XL requie[vit in pace] / V kal(endas) ian(uaria)s.*
Versione Longu: *[B(onae)] m(emoriae) Bonifatia TE[--- / --- h]ic(?) d(eposita) i(n) p(ace) qui vixit a[nnis / pl(us)] m(inu)s XΣ requie[vit in pace / sub die] V kal(endas) ian(uarias).*
Datazione: Fine IV – Inizi VI.
Gruppo: Monopartito
Bibliografia: CIL X, 1143*; Carmona 1631; Mureddu – Stefani 1986: 350; Corda 2007: 110-111; Longu 2016: 118.
Descrizione e Osservazioni:
Il mosaico venne scoperto all'interno della navata centrale della 'prima chiesa sotterranea'. Rimane uno schizzo seicentesco (fig. 12). Dal disegno comprendiamo che il mosaico avesse una disposizione orizzontale e che l'epitaffio disposto in quattro linee. Interessante la cornice formata da fila di rettangoli sdraiati adiacenti, caricati da una losanga iscritta (DG 18a). Non sappiamo quanto questa cornice sia fedele all'originale, considerando che l'attrazione principale rimaneva l'epigrafe in sé e non il contenitore. Però questa esatta tipologia di cornice la troviamo in un mosaico funerario di Sokrine

datato tra il 541 e il 556.²¹ Nell'eventualità che la cornice sia stata semplificata, possiamo pensare che dovesse trattarsi del tipo.

Penso che un'altra lettura dell'epigrafe potrebbe essere *(Bonae) M(emoriae) Bonifatius e(piscopus) Chr(isti) d(epositus) i(n) p(ace) qui vix(it) a(nnis) (plus) m(inus) LX requievit (in pace) V k(alendas) ian(uarias)*.

Credo che si potrebbe riabilitare questa epigrafe, magari integrando la lettura qui proposta con quella di P. Longu, altamente verosimile.²²

FIG. 12 MOSAICO CAG 7, RIPRODUZIONE SEICENTESCA, 'PRIMA CHIESA SOTTERRANEA', CAGLIARI (DA MUREDDU – STEFANI 1986).

---

²¹ Béjaoui 1991: 334.
²² Longu 2016: 118.

13)
Denominazione: CAG 8
Località: Cagliari
Ubicazione: Perduto
Misure: ///
Cromia: ///
Decorazione: ///
Elementi Geometrici: DG 18a? DG 50 d? DG 62c?
Iscrizione: [...] VIXIT ANNIS LXXXI / D [...] MAIAS
Trascrizione: *[...] vixit annis LXXXI [mensibus[...]] d(iebus) [...] maias.*
Datazione: Fine IV – Prima metà del V
Gruppo: Monopartito
Bibliografia: CIL X, 1293*; Carmona 1631; Mureddu – Stefani 1986: 350; Corda 2007: 110-111; Longu 2016: 150.
Descrizione e Osservazioni:
Il mosaico venne scoperto all'interno della *'Capilla Mayor'*. Rimane uno schizzo.
Dal disegno si evince che il mosaico doveva essere monopartito, con disposizione orizzontale e con una cornice del tipo dentato (DG 19a), o con fiori di loto (DG 50d; DG 62c). L'iscrizione trascritta risulta essere in due righe.

14)
Denominazione: CAG 9
Località: Cagliari, Chiesa dei c.d. SS. Mauro e Lello
Ubicazione: Perduto
Misure: ///
Cromia: ///
Decorazione: ///
Elementi Geometrici: ///
Iscrizione: Versione Carmona: H[..]C IACE C[.]RI / [..]TINA QUE VIX[...] / PL[.] M[.] L REQUIE[...] PA / SUB DIE IIII IN [...]ARIAS.
Versione Bonfant: HIC IACET B[.] M[.] [.]HRISTINA Q / UE VIXIT AN[...] S MINUS / L REQUIEV[...] PACE SUB D / IE IIII IDU [...] ANUARIAS
Trascrizione: Versione Carmona: *Hic iacet b. m. (C)hristina que vixit an(nis plu)s minus L requiev(it in) pace dub die IIII idu(s i)anuarias.*

Versione Longu: *Hic iace[t b(onae) m(emoriae) Iu]ṣtina q/ui vixit a[nn(is) plu]s minus / LV requie[vit in]pac[e] sub d[i]/e IIII idu[s febr]uarias.*
Datazione: ///
Gruppo: ///
Bibliografia: CIL X, 1159*; Bonfant 1635: 92-93; Longu 2016: 178.
Descrizione e Osservazioni:
Il mosaico (fig. 13) venne rinvenuto presso Chiesa dei c.d. SS. Mauro e Lello. Presentava un campo bianco con lettere nere e non rimane nessun disegno. Viste le lacune che si possono evincere nelle trascrizioni sia di Bonfant che di Carmona, e come segnala giustamente Longu,[23] si può pensare che dovesse esserci un guasto nella parte centrale del mosaico, che con molta probabilità aveva una disposizione orizzontale. Il CIL inserisce questo epitaffio tra le iscrizioni false, a mio avviso ingiustamente: infatti non sono presenti, nelle due trascrizioni seicentesche, elementi che potessero far evincere una qualche contraffazione.

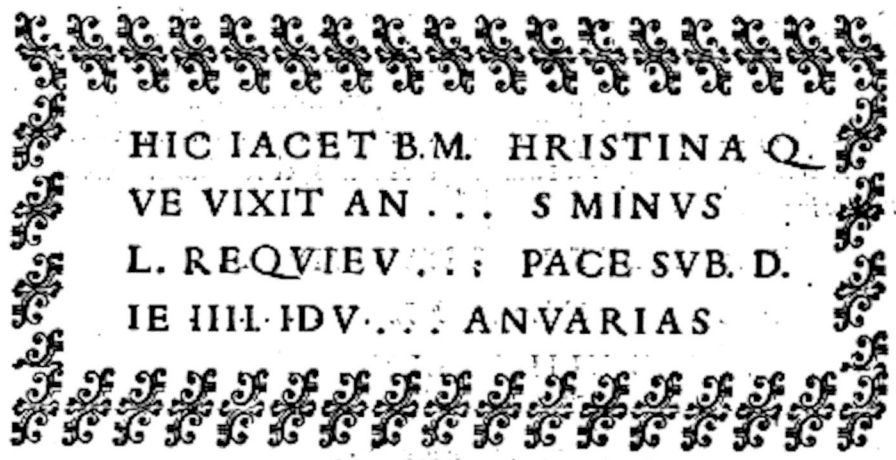

FIG. 13 MOSAICO CAG 9, RIPRODUZIONE SEICENTESCA (DA LONGU 2016).

---

[23] Longu 2016: 178.

15)
Denominazione: CAG 10
Località: Cagliari, edificio lato destro Basilica di S. Saturnino (c.d. Chiesa dei SS. Mauro e Lello)
Ubicazione: Perduto
Misure: ///
Cromia: ///
Decorazione: ///
Elementi Geometrici: ///
Iscrizione: Versione Carmona: [...] I KINTINA ULASI ECCLE[...] / IN A[.] SUO IDERE[...] ISOUE / ET [.]L POPE[...] IN PACE RE / SCU[.] T[.] D[.] K[.] D[.] IS[.] ID[.]χ.
Versione Bonfant: [...]M KITNA [...] / [...] ULA S. ECLE [....] / [...] NA SUOR[...] / [...] / [...] M. IDERESIU [.] / [...] B. M. ISOUEUS / [...] M. IPOPEUS.
Trascrizione: Versione Bonfant: *[Hic iacet b(onae)] m(emoriae) Kitna [quae cum esset fam]ula s(anctae) eccle[siae obtinuit di]vina suor[um laborum proemia. Hic iacet b(onae)] m(emoriae) Ideresiu[s. Hic iacet] b(onae) m(emoriae) Isoveus. [Hic iacet b(onae)] m(emoriae) Ipopeus.*
Versione Longu: ------ / [---]I̡KITNA̡[--- / --- fam]ula s(anctae?) {a} ecle[siae? --- / ---]ina suo[--- / ---]OI̡I̡DERE[--- / ---]isque [--- / ---]I pop[---] / ------.
Datazione: ///
Gruppo: ///
Bibliografia: CIL X, 1160*; Bonfant 1635: 86-88; Longu 2016: 173.
Descrizione e Osservazioni:
Il mosaico (fig. 14) fu rinvenuto presso un edificio sul lato destro della Basilica di San Saturnino (c.d. Chiesa dei SS. Mauro e Lello) e versava già al momento della scoperta in stato precario. Purtroppo non rimane né una descrizione né un disegno del mosaico. Risulta impossibile stabilirne la disposizione.
Per quanto riguarda l'epitaffio gli elementi in nostro possesso non permettono di stabilirne la veridicità.

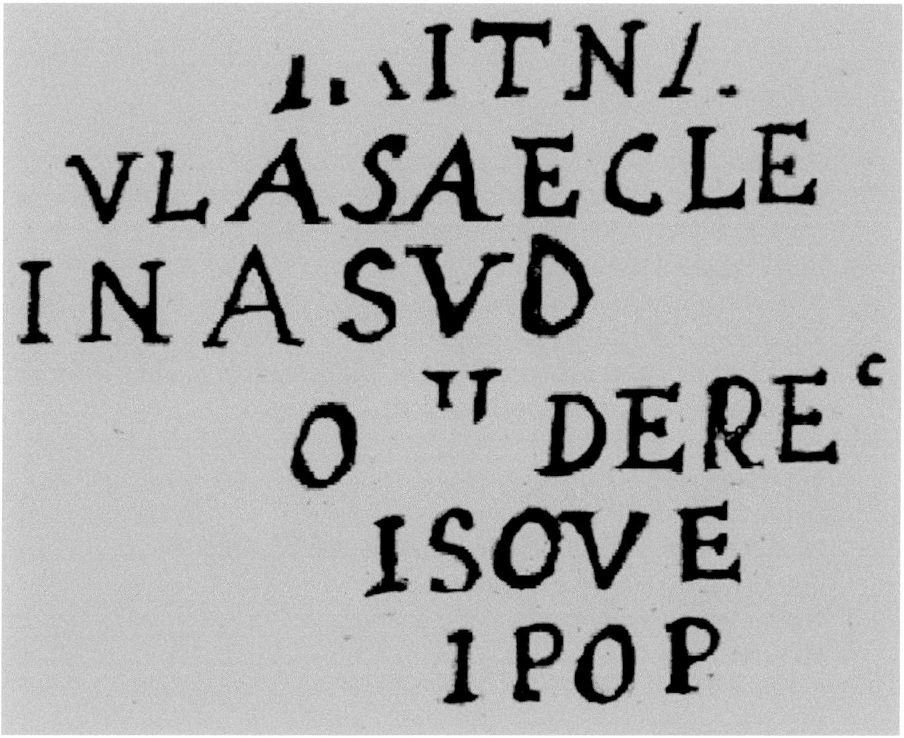

I..ITNI.
VLASAECLE
INASVD
O " DERE
ISOVE
IPOP

FIG. 14 MOSAICO CAG 10, RIPRODUZIONE SEICENTESCA DELL'EPIGRAFE (DA LONGU 2016).

16)
Denominazione: CAG 11
Località: Cagliari, edificio lato destro Basilica di S. Saturnino (c.d. Chiesa dei SS. Mauro e Lello)
Ubicazione: Perduto
Misure: ///
Cromia: ///
Decorazione: ///
Elementi Geometrici: ///

Iscrizione: [...]NENATUS VIX[...] / [...] BONIFATIUS [...] / TIA VIXIT P[...]
Trascrizione: [...Be?]nenatus vix[it annis[...] Bonifatius [...]tia vixit p(lus) [m(inus...]
Datazione: ///
Gruppo: ///
Bibliografia: CIL X, 1243*; Bonfant 1635: 211-212; Mureddu *et al.* 1988: 249-250; Corda 1999: CAR085; Longu 2016: 191.
Descrizione e Osservazioni:
Da quanto si evince sembra che nella c.d. Cappella di Romaniano e Valeria fosse stato rinvenuto un mosaico che copriva una tomba, ma non sembra esserci rimasta traccia. Dall'epitaffio sembra evincersi che il mosaico contenesse il nome di due defunti.

17)
Denominazione: CAG 12
Località: Cagliari, edificio lato destro Basilica di S. Saturnino (c.d. Chiesa dei SS. Mauro e Lello)
Ubicazione: Perduto
Misure: ///
Cromia: ///
Decorazione: ///
Elementi Geometrici: ///
Iscrizione: ///
Trascrizione: ///
Datazione: ///
Gruppo: ///
Bibliografia: CIL X, 1276*; Esquirro 1624: 304-307; Bonfant 1635: 103-105; Longu 2016: 155.
Descrizione e Osservazioni:
Il mosaico (fig. 15) venne distrutto per poter indagare la tomba sottostante. Non esistono notizie circa la copertura, solo sappiamo che al centro del tessellato era posta una lastra marmorea con una particolare iscrizione, inserita tra le *falsae* e che lo studioso Longu scioglie come segue: *(due croci) Hic iacit in pace Lellus bene me/moriens qui vixit an(nis) V mens(ibus) XI d(e)/p(o)s(itus) XV kal(endas) aprilis ind(ictione) VII abeat part/e cum Gezi qui istu locu boluerit biolure.*

Fig. 15 Mosaico CAG 12, riproduzione seicentesca (da Longu 2016).

18)
Denominazione: CAG 13
Località: Cagliari, c.d. Chiesa di S. Lucifero
Ubicazione: Perduto
Misure: ///
Cromia: ///
Decorazione: ///
Elementi Geometrici: ///
Iscrizione: Versione Esquivel: B M OPTANT[...] / [...]IXIT [...]UII[...] U[.]LNOS[..] / XIT CUIIII[...] PES[...].
Versione Esquirro: B M OPTAN IXIT / LII ANNOS XI UIIII / P E S

Trascrizione: Versione Longu: *[Hic iacet] B(onae) M(emoriae) Optant(ius) [qui v]ixit [---]+II annos XI d(ies) VIIII [quievit in pace sub die ---]res [---?]*
Datazione: ///
Gruppo: ///
Bibliografia: CIL X, 1325*; D'Esquivel 1617: 73-74; Esquirro 1624: 188-191; Bonfant 1635: 231-232; Longu 2016: 100.
Descrizione e Osservazioni:
Il mosaico già nel momento della sua scoperta versava in stato precario. Purtroppo non rimangono tracce dello stesso. L'epitaffio su inserito tra le *falsae*, ma la trascrizione operata dal Longu sembra essere accettabile e veritiera non presentando anomalie o elementi che possano far pensare a una falsificazione. Vista la disposizione del testo è possibile che il mosaico avesse una disposizione orizzontale.

19)
Denominazione: CAG 14
Località: Cagliari
Ubicazione: Perduto
Misure: ///
Cromia: ///
Decorazione: ///
Elementi Geometrici: ///
Iscrizione: ///
Trascrizione: ///
Datazione: ///
Gruppo: ///
Bibliografia: D'Esquivel 1617: 71-72; Esquirro 1624: 175-183; Bonfant 1635: 269-271.
Descrizione e Osservazioni:
Del mosaico non rimangono tracce, considerato il fatto che furono ritrovare solo tessere sciolte sopra la sepoltura.

20)
Denominazione: CAG 15
Località: Cagliari, nelle vicinanze della Basilica di San Saturnino
Ubicazione: Perduto
Misure: ///
Cromia: ///
Decorazione: ///
Elementi Geometrici: ///
Iscrizione: ///
Trascrizione: ///
Datazione: ///
Gruppo: ///
Bibliografia: Esquirro 1624: 63-66; Bonfant 1635: 297-299.
Descrizione e Osservazioni:
Al momento della scoperta non rimanevano che pochi lacerti musivi che coprivano una sepoltura.

21)
Denominazione: CAG 16
Località: Cagliari, c.d. Cappella di S. *Hiero*
Ubicazione: Perduto
Misure: ///
Cromia: ///
Decorazione: ///
Elementi Geometrici: ///
Iscrizione: Versione Carmona: [...] RUSTICUS [...]IXIT / AN[...] SC[.] HIC PATINIA C / III ID[...] ULIAS[...].
Versione Bonfant: *B M RUSTICUS HOC / QUIESCIT I U IN SC P / LOCO HIC PATINIA CHRISTI / M P III ID[...] IULIAS.*
Trascrizione: *Versione Bonfant: B(eatus) m(artyr) Rusticus hoc quiescit i(ustus) v(ir) in s(a)c(ro) p(ositus) loco. Hic Patinia Christi m(artyr) p(osita) III id(us) iulias.*

Versione Longu: ------ / [---] Rusticu̱[s --- / ---quies]cit IV in s(an)c(to) P[- -- / ---] ḥic Patinia co̱[niunx? --- / ---]III id(us) (i)ulias [---] / ------.
Datazione: ///
Gruppo: ///
Bibliografia: CIL X, 1361*; Bonfant 1635: 84-86; Longu 2016: 180.
Descrizione e Osservazioni:
Si tratta di una sepoltura doppia coperta da un mosaico, del quale non resta descrizione, che venne immediatamente distrutto. L'epitaffio è considerato un falso (fig. 16).

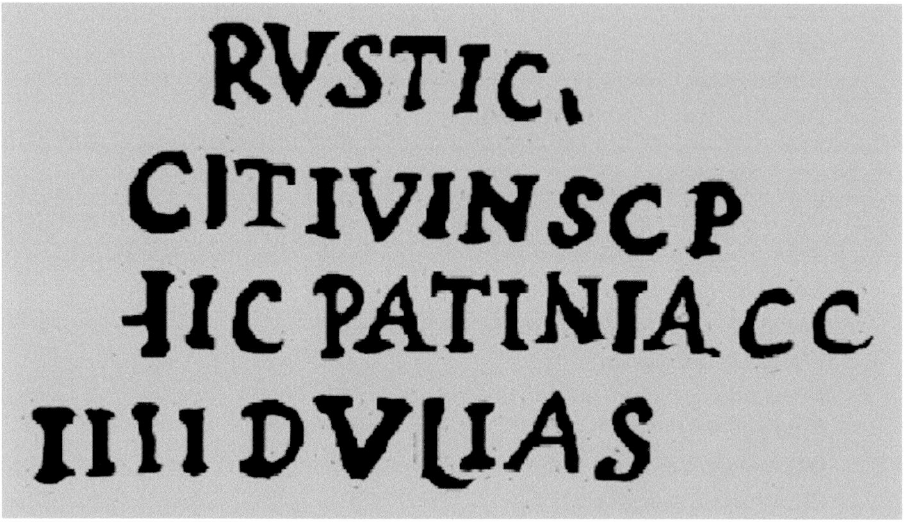

Fig. 16 Mosaico CAG 16, riproduzione seicentesca dell'epigrafe (da Longu 2016).

22)
Denominazione: CAG 17
Località: Cagliari, c.d. Chiesa dei SS. Mauro e Lello
Ubicazione: Perduto
Misure: ///
Cromia: Lettere in tessere verdi
Decorazione: ///
Elementi Geometrici: ///
Iscrizione: Versione Carmona: B M STEFANA Q / VIXIT ANN U ME / NSES SEX S D C N / ON OCTOBRES.
Versione Bonfant: (CROCE) B M STEFANA QUE / VIXIT ANN UU / A U MENSES / SEXS D G NO / N OCTOBRES
Trascrizione: Versione Longu: B(onae) m(emoriae) Stefana qui / vixit ann(os) VV/AV menses / sex s(ub) d(ie) Σ no/n(as) octobres.
Datazione: ///
Gruppo: ///
Bibliografia: CIL X, 1384*; Bonfant 1635: 89-91; Longu 2016: 175.
Descrizione e Osservazioni:
Il mosaico aveva un campo bianco con lettere in tessere verdi. L'epitaffio è considerato un falso (fig. 17).

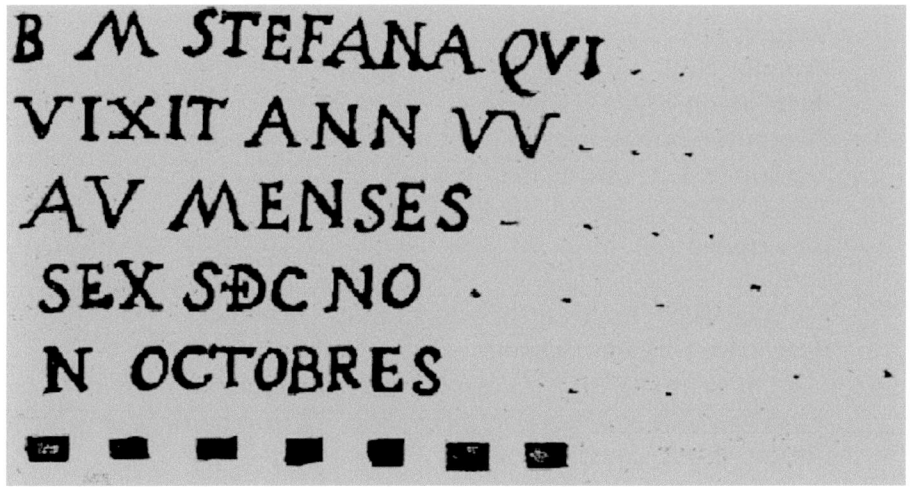

Fig. 17 Mosaico CAG 17, riproduzione seicentesca (da Longu 2016).

23)
Denominazione: CAG 18
Località: Cagliari, c.d. prima chiesa sotterranea.
Ubicazione: Perduto
Misure: ///
Cromia: ///
Decorazione: ///
Elementi Geometrici: ///
Iscrizione: ///
Trascrizione: ///
Datazione: ///
Gruppo:
Bibliografia: Longu 2013: 174.
Descrizione e Osservazioni:
Al momento della scoperta della sepoltura rimanevano solo frammenti musivi sconnessi.

24)
Denominazione: CAG 19
Località: Cagliari, c.d. prima chiesa sotterranea
Ubicazione: Perduto
Misure: ///
Cromia: ///
Decorazione: ///
Elementi Geometrici: ///
Iscrizione: [...] / ANNIS [...] / [...] QUI [...] / [...]S[...] / [...]A[...]
Trascrizione: *[...]annis[...] qui[...]s[...]a*
Datazione: ///
Gruppo:
Bibliografia: D'Esquivel 1617: 90; Esquirro 1624: 287.
Descrizione e Osservazioni:
Al momento della scoperta restava un frammento musivo con tracce di un epitaffio praticamente illeggibile. All'interno della sepoltura furono ritrovati quattro corpi.

- *San Sperate*

25)
Denominazione: SSP 1
Località: San Sperate
Ubicazione: Perduto
Misure: ///
Cromia: ///
Decorazione: ///
Elementi Geometrici: ///
Iscrizione: HIC SVNT RELIC ... / SPERATI ET MI MYM / D ... RVMASIO EPIS ...
Trascrizione: *Hic sunt reli(quiae) [Sancti] Sperati et (aliorum) mi(lle) m(art)y(ru)m (a B)rumasio epis(copo).*
Datazione: Primo quarto del VI secolo?
Gruppo: ///
Bibliografia: Esquirro 1624: 498; Mureddu – Stefani 1986: 351-552
Descrizione e Osservazioni:
Del mosaico trovato nel 1583 presso la chiesa di San Sebastiano non rimane nulla, se non la trascrizione dell'epitaffio.

Provincia di Oristano
- **Fordongianus (*Forum Traiani*)**

26)
Denominazione: FOR 1
Località: Fordongianus, *Forum Traiani*.
Ubicazione: Palazzo comunale di Fordongianus.
Misure: ///
Cromia: Bianco, nero, ocra, verde, rosso, bruno, grigio.
Decorazione: ///
Elementi Geometrici: Cornice: DG 2j, DG 89c var.; Campo: DG 2j, DG 73f.
Iscrizione: B M FL RO / GATIANUS VI / XIT ANNI LII DIES / XV RECESSIT XV / KAL DEC

Trascrizione: *B(onae) m(emoriae) Fl(avius) Rogatianus vixit annis LII dies XV recessit XV kal(endas) dec(embres).*
Datazione: Metà del V secolo
Gruppo: Bipartito
Bibliografia: Duval 1994: 210; Serra 1995: 194-195; Zucca 1999: 521; Corda 1999: 155, FTR008; Spanu 2000: 109; Sangiorgi 2002: 357-358; Oppo 2002: 170; Zedda 2004: 136-137; Fiocchi Nicolai – Spera 2015: 92; Ferri 2015: 557-559; Quattrocchi 2017d: c.d.s.
Descrizione e Osservazioni:
Nel 1991 durante gli scavi effettuati nella Chiesa di San Lussorio venne alla luce questo mosaico (fig. 189, in uno stato di conservazione accettabile. Nonostante diversi Autori abbiano trattato questo pavimento, sempre in maniera sommaria e per lo più studiando l'epigrafe, rimane in concreto non pubblicato.[24]

Il tessellato è bipartito, orientato orizzontalmente. La doppia cornice consta, nella sua parte più esterna, di una linea dentellata (DG 2 j), più internamente abbiamo una decorazione a ghirlanda con foglie di alloro (DG 89 c). Il registro superiore è interessato da un *clipeo*, incorniciato da una linea dentellata, con un'iscrizione in cinque righe, senza linee di supporto. Il registro inferiore, invece, presenta una decorazione a treccia a sei capi, sempre incorniciata da una linea dentellata.

---

[24] Una mancanza rimarcata anche in Fiocchi Nicolai – Spera 2015: 92 e che si è provveduta a colmare con Quattrocchi 2017d: c.d.s.

Fig. 18 Mosaico FOR 1, Magazzini presso Comune di Fordongianus (foto dell'Autore).

- *Cuglieri, Cornus*

27)
Denominazione: COR 1
Località: Cuglieri, *Cornus*
Ubicazione: ///
Misure: ///
Cromia: ///
Decorazione: ///
Elementi Geometrici: ///
Iscrizione:
Trascrizione:
Datazione: ///
Gruppo: ///
Bibliografia: Pani Ermini 1985: 117; Pani Ermini 1986: 72
Descrizione e Osservazioni:
Si ipotizza la presenza di almeno un mosaico funerario visto il numero delle tessere musive ritrovato.

Provincia di Sassari
- **Porto Torres (*Turris Libisonis*)**

28)
Denominazione: TUR 1
Località: Porto Torres, *Turris Libisonis*, strada di Balai
Ubicazione: *Antiquarium Turritano*, inv. n. 9038.
Misure: 270 x 140 cm; Quattro lati del cassone (frammenti): a) 280 x 42 cm; b) 239 x 34; c) 236 x 30 cm; d) 258 x 21 cm.
Cromia: Bianco, nero, grigio, ocra, giallo, rosso, azzurro.
Decorazione: Colombe, *chrismoi*.
Elementi Geometrici: Cornice: DG 1a, DG 1y, DG 60e, DG 73f; Campo: DG 32f.
Iscrizione: D M SUAE CONIUGI BONE / FEMINE SEPTIMIAE MUSAE / QUE VIXIT ANN XXXXVII ME / V DI XV REFRIGERES IN / NOMEN (*CHRISMON*)I IN PACE *palma*.
Trascrizione: *D(o)m(inae) suae coniuge bone femin(e)a Septimiae Musae qu(a)e vixit ann(is) XXXXVII me(nsibus) V di(ebus) XV refrigeres in nomen Christi in pace.*

Datazione: Fine IV secolo – Inizi V secolo
Gruppo: Monopartito, *tabula ansata*, cassone.
Bibliografia: Maetzke 1999: 355-365; Angiolillo 1981: 193, n. 173; Corda 1999: TUR010; Sangiorgi 2002: 357-358; Quattrocchi 2014: 248-249; Ferri 2015: 557.
Descrizione e Osservazioni:
Il mosaico (fig. 19) fu ritrovato nel 1963 sulla strada per Balai insieme al mosaico TUR 2, col quale originariamente formava un unico tappeto. Il tessellato ha un buon stato di conservazione seppur con lacune, è monopartito nella variante *tabula ansata* e a cassone: infatti il pavimento non era solo messo in posa nel classico strato di malta, ma era rialzato con i quattro lati decorati da un motivo ad onde che ritroviamo nella doppia cornice. La sua disposizione è orizzontale. La doppia cornice è formata da un motivo ad onde (DG 60e) e da una treccia a quattro capi policroma (DG 73f). Nel campo musivo ritroviamo la *tabula*, con un *chrismon* in entrambe le anse, nei quattro angoli esterni la *tabula* sono quattro colombe, una per angolo, disposte in maniera affrontata. La *tabula* ha una cornice a segmenti di greca (DG 32f) e racchiude un'epigrafe in cinque righe senza linee di supporto. Interessante l'onomastica bimembre della defunta, fatto riscontrato anche nel FOR 1, con un accostamento di *nomen* e *cognomen* insolito: un *nomen* squisitamente latino e un *cognomen* con forti radici greche.

FIG. 19 MOSAICO TUR 1, ANTIQUARIUM TURRITANO, PORTO TORRES (FOTO DELL'AUTORE).

29)
Denominazione: TUR 2
Località: Porto Torres, Turris Libisonis, strada di Balai.
Ubicazione: Antiquarium Turritano, inv. n. 9039.
Misure: 268 x 42 cm; per le misure dei quattro lati del cassone si veda il TUR 1.
Cromia: Bianco, nero, ocra, giallo, rosso, rosa, azzurro, grigio.
Decorazione: Chrismon.
Elementi Geometrici: Cornice: DG 1a, DG 1y, DG 60e, DG 73f; Capo DG 70j.
Iscrizione: DOM PATRI MERENTISSI / DIONISO QUI VIXIT ANNIS LV / M II D X ESYCHIUS ET VAL[.]RI / A FILI CARISSIMI FECERUNT
Trascrizione: Dom(ino) patri merentissi(mo) Dioniso qui vixit annis LX m(ensibus) II d(iebus) X (H)Esychius et Val[e]ria fili carissimi fecerunt.
Datazione: Fine IV secolo – Inizi V secolo
Gruppo: Monopartito, tabula ansata, cassone.
Bibliografia: Maetzke 1999: 355-365; Angiolillo 1981: 194, n. 174; Corda 1999: TUR003; Sangiorgi 2002: 357-358; Quattrocchi 2014: 248-249; Ferri 2015: 557.
Descrizione e Osservazioni:
Il mosaico (fig. 20) fu ritrovato insieme al TUR 1. Si tratta di un pavimento monopartito a tabula ansata della tipologia a cassone. La sua disposizione è orizzontale. Consta di due cornici, la più esterna con motivi a onda (DG 60e) e la più interna formata da una treccia policroma a tre capi (DG 73f). Al centro è la tabula, con un'ansa superstite con dentro un chrismon e incorniciata da una treccia

Fig. 20 Mosaico TUR 2, Antiquarium Turritano, Porto Torres (foto dell'Autore).

policroma a due capi (DG 70j). Il campo epigrafico consta di quattro righe senza linee di supporto.

Anche in questo mosaico l'onomastica è interessante: padre e figlio condividono due nomi di origine greca, la figlia un nome tipicamente latino. Sebbene non ci siano riferimenti espliciti al grado di parentela dei due mosaici è plausibile pensare che i due personaggi deposti fossero marito e moglie.

30)
Denominazione: TUR 3[25]
Località: Porto Torres, *Turris Libisonis*, strada di Balai, 'Tanca di Borgona'
Ubicazione: Perduto
Misure: ///
Cromia: Policroma?
Decorazione: ///
Elementi Geometrici: DG 2a, DG 73f.
Iscrizione: D [...] POLLIU / US VIXIT AN V[I] / MENS III DIES V F[.] / ECIT POLLIUS SAV[.] / NUS ET CALPUR / NIA OSTIA CUM / ALUMNO FECIT B M
Trascrizione: D[is Manibus] Pollius vixit an(nis) VI[26] mens(ibus) III dies V f[e]cit Pollius Sav[i]nus et Calpurnia Ostia cum alumno fecit b(ene) m(erenti).
Datazione: Metà del IV secolo.
Gruppo: Tripartito, *tabula ansata*.
Bibliografia: Lilliu 1948: 430; Angiolillo 1981: 194, n. 175; Quattrocchi 2014: 249.
Descrizione e Osservazioni:
Il mosaico (fig. 21) si trovava in un ipogeo scavato nella roccia in località 'Tanca di Borgona', ora perduto ma già al momento della scoperta con evidenti guasti. La tipologia è tripartita con *tabula ansata*. Ai lati della *tabula* si trovavano due riquadri con all'interno una treccia a otto elementi (DG 73f): al momento del ritrovamento era presente un solo riquadro. La *tabula ansata* è incorniciata da una doppia fila di tessere nere (DG 2a) e risultava superstite una sola ansa. L'iscrizione in otto righe, senza linee di supporto, risulta nel complesso curata.

---

[25] Unico mosaico funerario destinato a un defunto pagano. La natura del mosaico e la sua datazione ci impongono l'analisi del manufatto che rientra nei canoni descritti in questa sede. Altri mosaici funerari pagani, con datazione che però non rientra nella nostra fascia cronologica, possono ammirarsi a Dougga in Tunisia, a Salona in Crozia (Duval 1976: 14-15) e a Ostia (Duval 1976: 16-17; Taglietti 2016: 377-388).

[26] Sull'età non concordiamo con M. B. Cocco 2010: 720 nel quale si legge che *Pollius* avesse sette anni. Lo spazio tra il *V*, che ha un modulo grande, e la cornice non permetterebbe la presenza del numero *II*, ma solo dell'*I*.

FIG. 21 MOSAICO TUR 3 AL MOMENTO DELLA SCOPERTA (DA ANGIOLILLO 1981).

31)
Denominazione: TUR 4
Località: Porto Torres, *Turris Libisonis*, Basilica di San Gavino.
Ubicazione: Necropoli della Basilica di San Gavino, Atrio Metropoli.
Misure: ///
Cromia: Policromo
Decorazione: *Kantharos*, rami stilizzati
Elementi Geometrici: DG 17h; DG 89c
Iscrizione: [.]URRITANA IN PACE DIGNA M / [.]R IN θEO PA[.] QUI BIXIT AN / [.]XXXIII ON[.]RATA CUM FAM / CONDECORABIT SEPULCRU.
Trascrizione: *[T]urritana in pace digna m[...]r in θeo pa[.] qui bixit an(nis) [L?]XXXIII on[e]rata cum fam[ulus suis] condecorabit sepulcru(m).*
Datazione: Prima metà del V secolo.[27]
Gruppo: Bipartito? Tripartito?

---

[27] Sembra corretto precisare che in letteratura (si veda Bibliografia) non vi è nessun tipo di accenno di datazione, per quanto il mosaico sia alquanto inquadrabile in una *koiné* mediterranea del V secolo, a questo proposito si veda Quattrocchi 2014: 251.

Bibliografia: Pani Ermini - Manconi 2002: 305-307; Sangiorgi 2002: 357-358; Ferri 2015: 557-558
Descrizione e Osservazioni:
Il mosaico (fig. 22), rinvenuto nella necropoli della Basilica di San Gavino nell'Atrio Metropoli è gravemente danneggiato, con lacune che rendono talvolta difficile la lettura dell'epitaffio. Si tratta di un pavimento con disposizione orizzontale, allo stato attuale è bipartito ma non è da escludere una tripartizione del tessellato. Le cornici sono confuse: fila quadrati concentrici (DG 17h) sul lato lungo superiore, e fila di foglie d'alloro (DG 89c) sul lato lungo inferiore mentre appare illeggibile la cornice del lato breve destro. Il pannello destro è decorato con un *kantharos* con al di sotto dei rametti stilizzati. Il campo epigrafico, in quattro righe con linee di supporto, è gravemente lacunoso e pone degli interrogativi soprattutto a livello biometrico. Interessante il nome della defunta: *Turritana*.

32)
Denominazione: TUR 5
Località: Porto Torres, *Turris Libisonis*, Basilica di San Gavino.
Ubicazione: Necropoli della Basilica di San Gavino, Atrio Metropoli.
Misure: ///
Cromia: Policromo
Decorazione: ///
Elementi Geometrici: DG 2a
Iscrizione: PELAGIUS NEPU / S / MEMORATUR
Trascrizione: *Pelagius nepus memoratur.*
Datazione: Prima metà del V secolo
Gruppo: Monopartito
Bibliografia: Pani Ermini - Manconi 2002: 305-307; Sangiorgi 2002: 357-358; Ferri 2015: 557-558
Descrizione e Osservazioni:
Il mosaico (fig. 22), rinvenuto nella necropoli della Basilica di San Gavino nell'Atrio Metropoli inferiormente al pannello TUR 4, lo stato di conservazione è buono. La cornice consta in una sola fascia di tessere nella parte inferiore (DG 2a). Il campo musivo è interamente interessato dall'epigrafe. Sorgono dubbi sulla natura funeraria del mosaico, per quanto G. Ferri asserisca si tratti di un epitaffio.

Fig. 22 Mosaici TUR 4-5, Basilica di San Gavino, Porto Torres, disegno (da Pani Ermini - Manconi 2002).

33)
Denominazione: TUR 6
Località: Porto Torres, *Turris Libisonis*, Basilica di San Gavino.
Ubicazione: Necropoli della Basilica di San Gavino, Atrio Metropoli.
Misure:
Cromia: Policroma
Decorazione: Orante, ceri.
Elementi Geometrici: ///
Iscrizione: ///
Trascrizione: ///
Datazione: Metà del V secolo
Gruppo: A cassone
Bibliografia: Carrada 2006: 248-251.
Descrizione e Osservazioni:
Il mosaico decora un cassone, altamente lacunoso (fig. 23). La figura centrale è un orante, del quale non possiamo determinare il sesso, tra due ceri ecclesiastici. Ai lati di questa figura centrale troviamo una losanga. L'orante veste una lunga dalmatica, la trattazione nel complesso appare piatta.

Fig. 23 Mosaico TUR 22, Basilica di San Gavino, Porto Torres (da Carrada 2006).

34)
Denominazione: TUR 7
Località: Porto Torres, *Turris Libisonis*, Basilica di San Gavino.
Ubicazione: Perduto
Misure: ///
Cromia: ///
Decorazione: Buon Pastore, agnelli, colombe.
Elementi Geometrici: ///
Iscrizione: ///
Trascrizione: ///
Datazione: IV-V secolo
Gruppo: ///
Bibliografia: Manca de Cedrelles 1846: 39; Angiolillo 1981: 195; Quattrocchi 2017e: 368.
Descrizione e Osservazioni:
Il mosaico venne ritrovato durante la ricerca dei *Cuerpos Santos* in Sardegna nel 1614[28] nella Basilica di San Gavino a Porto Torres. Rimane solo la descrizione della raffigurazione che sembra a tutti gli effetti quella del Buon Pastore, unico caso in Sardegna e in Italia per quanto riguarda i mosaici funerari.

---

[28] Manca de Cedrelles 1846: 39-43.

35)
Denominazione: TUR 8
Località: Porto Torres, *Turris Libisonis*, Basilica di San Gavino.
Ubicazione: Perduto
Misure: ///
Cromia: ///
Decorazione: Vasi, uccelli, fiori.
Elementi Geometrici: ///
Iscrizione: GUDENTIUS EPUS REQUIEBIT IN PACE SEPTIMU DECIMU KAL OCTOBRIS
Trascrizione: *G(a)udentius ep(iiscop)us requiebit in pace septimu decimu kal(endas) octobris.*
Datazione: V secolo?
Gruppo: ///
Bibliografia: Manca de Cedrelles 1846: 42; Angiolillo 1981: 195; Quattrocchi 2017e: 368.
Descrizione e Osservazioni:
Il mosaico venne ritrovato il 1614 nella Basilica di San Gavino, rimane una descrizione molto sommaria.

36)
Denominazione: TUR 9
Località: Porto Torres, *Turris Libisonis*, Basilica di San Gavino.
Ubicazione: Perduto
Misure: ///
Cromia: ///
Decorazione: Vasi, uccelli, fiori.
Elementi Geometrici: ///
Iscrizione: LUXURIUS EPISCPUS REQUIEBIT IN PACE V KAL NOVEMBRIS
Trascrizione: *Luxurius episc(o)pus requiebit in pace V kal(endas) novembris.*
Datazione: V secolo?
Gruppo: ///
Bibliografia: Manca de Cedrelles 1846: 42; Angiolillo 1981: 195; Quattrocchi 2017e: 368.
Descrizione e Osservazioni:
Di questo mosaico, ritrovato nel 1614 nella Basilica di San Gavino, non rimane che una descrizione sommaria.

37)
Denominazione: TUR 10
Località: Porto Torres, *Turris Libisonis*, Basilica di San Gavino.
Ubicazione: Perduto
Misure: ///
Cromia: ///
Decorazione: Vasi, uccelli, fiori.
Elementi Geometrici: ///
Iscrizione: IUSTINUS EPISC REQUIEBIT IN PACE QUARTU KA IULIAS
Trascrizione: *Iustinus episc(opus) requiebit in pace quartu ka(lendas) iulias.*
Datazione: V secolo?
Gruppo: ///
Bibliografia: Manca de Cedrelles 1846: 42; Angiolillo 1981: 195; Quattrocchi 2017e: 368.
Descrizione e Osservazioni:
Del mosaico rimane sono una descrizione sommaria. Ritrovato nel 1614 nella Basilica di San Gavino.

3.3. PUGLIA
Provincia di Barletta – Andria – Trani
- Canosa

38)
Denominazione: CAN 1
Località: Canosa
Ubicazione: Complesso episcopale San Pietro.
Misure: ///
Cromia: Bianco, nero, rosso, amaranto, blu, verde.
Decorazione: ///
Elementi Geometrici: DG 68b-d
Iscrizione: [...] RE[...] / [...] S [...] T S / [...] MONIS [...]
Trascrizione: *[Hic] re[quie]s[ci]t S[...]Monis [...]*
Datazione: Primo quarto del VI secolo
Gruppo: ///
Bibliografia: Volpe *et al.* 2002: 146-147; Volpe *et al.* 2005: 106-108; Nuzzo 2011: 39, n. 16.
Descrizione e Osservazioni:
Il mosaico (fig. 24), del quale rimangono pochi frammenti che lo rendono poco comprensibile, fu scoperto all'interno dell'ambiente 1 del complesso episcopale. La disposizione potrebbe essere orizzontale. Della cornice rimangono dei frammenti che ci portano a pensare che dovesse trattarsi del tipo a coppie di sinusoidi intrecciate (DG 68b-d). Il campo musivo è interessato dall'epigrafe, della quale rimangono tre righe, senza linee di supporto. Interessanti risultano essere le E onciali e le S rovesciate.

FIG. 24 MOSAICO CAN 1, COMPLESSO EPISCOPALE SAN PIETRO, CANOSA (DA VOLPE ET AL. 2002)

3.4. CAMPANIA
Provincia di Napoli
- *Napoli*

39)
Denominazione: NAP 1
Località: Napoli.
Ubicazione: Catacombe di San Gennaro.
Misure: 61 x 67 cm
Cromia: Bianco, nero, rosso, verde, blu.
Decorazione: ///
Elementi Geometrici: DG 1a
Iscrizione: [...] PACEM ALEX / EMAR [...] / [...] C [...] / NUS IX DEP IIII ID[...]
Trascrizione: *[Hic requiescit in] pacem Alex[...] EMAR [...] consolibus [...vixit an] IX dep(ositus est) IIII id(us) [...].*
Datazione: Metà del V secolo.
Gruppo: Monopartito
Bibliografia: De Maria 1997: 638- 639; Amodio 2005: 110-111; Amodio 2015: 99.
Descrizione e Osservazioni:
Il mosaico (fig. 25) fu rinvenuto nelle Catacombe di San Gennaro nel cubicolo A 26, molto lacunoso, rimangono 24 frammenti totali. La disposizione sembra essere orizzontale, chissà non dovesse trattarsi del tipo a *tabula ansata*. Della cornice rimangono solo delle tracce di una linea di tessere nere (DG 1a). Il campo musivo è interamente interessato dall'epigrafe della quale rimangono quattro righe senza linee di supporto. Sembrerebbe esserci l'indicazione dell'età consolare nella prima riga.

Fig. 25 Mosaico NAP 1, Catacombe di San Gennaro (da Amodio 2015).

40)
Denominazione: NAP 2
Località: Napoli
Ubicazione: Catacombe di San Gennaro
Misure: 77,5 x 148 cm; Tessere: 0,2 x 0,3 cm.
Cromia: Bianco, nero, rosso, verde.
Decorazione: ///
Elementi Geometrici: DG 1y
Iscrizione: ///
Trascrizione: ///
Datazione: Metà del V secolo.
Gruppo: Monopartito?
Bibliografia: Amodio 2005: 113-114.
Descrizione e Osservazioni:
Il mosaico è estremamente frammentario, rimangono 13 frammenti in precario stato di conservazione ed era destinato a ricoprire una tegola di copertura tombale.

41)
Denominazione: NAP 3
Località: Napoli
Ubicazione: Catacombe di San Gennaro.
Misure: Tessere: 1- 1,2 cm
Cromia: Bianco, grigio scuro, verde.
Decorazione: ///
Elementi Geometrici: ///
Iscrizione: [...] RAC / [...]N PAC[...]
Trascrizione: *[...] RAC [..i]n pac[e...].*
Datazione: Metà del V secolo
Gruppo: Monopartito?
Bibliografia: Amodio 2005: 114-115.
Descrizione e Osservazioni:
Il mosaico, frammentario (rimangono solo 5 frammenti), venne rinvenuto sul fondo della *forma* 12 dell'Edicola della croce. La disposizione sembra essere orizzontale. Non rimangono tracce della cornice, mentre rimangono due righe molto lacunose di iscrizione, con linee di supporto.

42)
Denominazione: NAP 4
Località: Napoli
Ubicazione: Catacombe di San Gennaro
Misure: ///
Cromia: Bianco, rosso, giallo, blu.
Decorazione: ///
Elementi Geometrici: DG 1a
Iscrizione: [...]SC[...]
Trascrizione: *[...]SC[...].*
Datazione: Metà del V secolo
Gruppo: ///
Bibliografia: Amodio 2005: 115.
Descrizione e Osservazioni:
Il mosaico, estremamente frammentario e lacunoso, consta di 9 frammenti. Lo stato scarso di conservazione non permettono una disamina completa del tessellato, per quanto si possa dire che la cornice era formata da una linea di tessere in terracotta rossa (DG 1a) e rimangono deboli tracce di due lettere dell'epitaffio.

43)
Denominazione: NAP 5
Località: Napoli
Ubicazione: Catacombe di San Gennaro.
Misure: Tessere: 1- 1,2 com
Cromia: Bianco, nero, verde, azzurro.
Decorazione: ///
Elementi Geometrici: ///
Iscrizione: [...]S FID[...]
Trascrizione: *[...]s fid[elis...].*
Datazione: Metà del V secolo.
Gruppo: Monopartito?
Bibliografia: De Maria 1997: 640; Amodio 2005: 115-116.
Descrizione e Osservazioni:
Il mosaico, del quale rimangono 8 frammenti, risulta essere in pessimo stato di conservazione. La disposizione sembra essere orizzontale. Non resta altro che una riga di epitaffio molto lacunosa.

44)
Denominazione: NAP 6
Località: Napoli
Ubicazione: Catacombe di San Gennaro
Misure: ///
Cromia: ///
Decorazione: ///
Elementi Geometrici: ///
Iscrizione: ///
Trascrizione: ///
Datazione: ///
Gruppo: ///
Bibliografia: Amodio 2005: 116.
Descrizione e Osservazioni:
Del mosaico non restano frammenti utili per poterlo esaminare.

45)
Denominazione: NAP 7
Località: Napoli
Ubicazione: Catacombe di San Gennaro.
Misure: ///
Cromia: Bianco, rosso, blu.
Decorazione: ///
Elementi Geometrici: DG 1a
Iscrizione: [...]NOD[...] / [...]++[...].
Trascrizione: *[...]nod [...] ++ [...].*
Datazione: Metà del V secolo.
Gruppo: Monopartito?
Bibliografia: De Maria 1997: 639; Amodio 2005: 117.
Descrizione e Osservazioni:
Il mosaico venne rinvenuto presso il cubicolo A 32 delle Catacombe di San Gennaro e decorava una *forma*, resta un solo frammento. Presumibilmente la disposizione era orizzontale. Rimane solo una traccia di cornice formata da una singola fila di tessere nere (DG 1a). Rimangono frammenti di due linee di epigrafe.

46)
Denominazione: NAP 8
Località: Napoli
Ubicazione: Catacombe di San Gennaro.
Misure: ///
Cromia: Nero, verde.
Decorazione: ///
Elementi Geometrici: ///
Iscrizione: ///
Trascrizione: ///
Datazione: Metà del V secolo
Gruppo: ///
Bibliografia: Amodio 2005: 117.
Descrizione e Osservazioni:
Rimane solo un frammento di questo mosaico, con ordito irregolare. Risulte illeggibile.

47)
Denominazione: NAP 9
Località: Napoli
Ubicazione: Catacombe di San Gennaro
Misure: ///
Cromia: Bianco, verde, rosso, blu.
Decorazione: ///
Elementi Geometrici: ///
Iscrizione: ///
Trascrizione: ///
Datazione: Metà del V secolo
Gruppo: ///
Bibliografia: Amodio 2005: 117.
Descrizione e Osservazioni:
Mosaico illeggibile, rimane sono un frammento in pessimo stato di conservazione.

48)
Denominazione: NAP 10
Località: Napoli
Ubicazione: Catacombe di San Gennaro.
Misure: ///
Cromia: Bianco, nero, verde, azzurro.
Decorazione: ///
Elementi Geometrici: ///
Iscrizione: ///
Trascrizione: ///
Datazione: Metà del V secolo
Gruppo: Monopartito?
Bibliografia: Amodio 2005: 118.
Descrizione e Osservazioni:
Mosaico assai frammentario, in totale rimangono 68 frammenti. Nonostante il grande numero di frammenti risulta comunque illeggibile.

49)
Denominazione: NAP 11
Località: Napoli
Ubicazione: Catacombe di San Gennaro.
Misure: ///
Cromia: Bianco, verde, giallo.
Decorazione: ///
Elementi Geometrici: ///
Iscrizione: ///
Trascrizione: ///
Datazione: Metà del V secolo.
Gruppo: ///
Bibliografia: Amodio 2005: 118.
Descrizione e Osservazioni:
Alle condizioni attuali risulta illeggibile il mosaico del quale rimangono 27 frammenti. Ricopriva una *forma*.

50)
Denominazione: NAP 12
Località: Napoli
Ubicazione: Catacombe di San Gaudioso.
Misure: ///
Cromia: Bianco, nero, rosso, blu.
Decorazione: Vegetale.
Elementi Geometrici: ///
Iscrizione: [...]VIBI[...] / [...]RDA[...]
Trascrizione: [...]vibi[...] [...]rda[...].
Datazione: Metà del V secolo.
Gruppo: Monopartito?
Bibliografia: Amodio 2005: 119.
Descrizione e Osservazioni:
Del mosaico rimangono tre frammenti. Lo stato del mosaico è precario, risulta impossibile leggerle qualsivoglia decorazione. Rimangono due sole linee di epigrafe assai mal conservate.

Provincia di Caserta
- **Teano**

51)
Denominazione: TEA 1
Località: Teano
Ubicazione: Museo archeologico di *Teanum Sidicinum*.
Misure: ///
Cromia: Bianco, nero, blu, rosso, rosa, ocra, giallo, marrone, rosa.
Decorazione: Adorazione dei Magi, San Paolo, San Pietro, *chrismon*.
Elementi Geometrici: DG 2g; DG 70j
Iscrizione: [...] TERE SEMPER [...] F FELICITA PS
Trascrizione: [...]tere semper [...] F(elix) Felicita PS(?).
Datazione: Fine del IV secolo
Gruppo: Monopartito
Bibliografia: Spinazzola 1907: 697-703.

Descrizione e Osservazioni:
Il mosaico (fig. 26) ricopriva una lastra marmorea, con lacune ma ben conservato. La disposizione del mosaico è orizzontale. La cornice più esterna è una treccia a due capi policroma (DG 70j) mentre la più interna è una coppia di file dentellate (DG 2g). Il campo musivo è interessato da un'interessante immagine che rappresenta l'Adorazione dei Magi. A sinistra due figure maschili, sedute, sono a colloquio tra di loro, la lacuna impedisce di vedere il terzo personaggio. Il personaggio meglio conservato ha il busto frontale e il corpo di profilo, la mano sinistra regge un *volumen*, mentre la destra gesticola, veste una lunga tunica e un paio di sandali. Il volto ricorda l'iconografia Paolina,[29] portando così a pensare che fosse un colloquio tra San Paolo e San Pietro. La scena di destra, separata dalla sinistra da una corona con dentro un *chrismon*, rappresenta l'Adorazione dei Magi: la Madonna siede su un trono gemmato, in braccio tiene Gesù Bambino e veste una ricca tunica, con la mano rivolta verso i personaggi che si avvicinano. I tre Magi vestono berretti frigi, tuniche corte e gemmate con manti svolazzanti, anassiridi alle gambe e in mano i vassoi con i tradizionali doni. L'epigrafe, in una sola linea, è posta al di sopra dell'immagine appena descritta.

Fig. 26 Mosaico TEA 1, Museo archeologico di Teanum Sidicinum (foto dell'Autore).

---

[29] Bisconti 2000: 240-241.

3.5. LAZIO
Provincia di Roma
- *Roma*

52)
Denominazione: ROM 1
Località: Roma
Ubicazione: Catacombe di Sant'Agnese.
Misure: ///
Cromia: Bianco, blu, rosso, ocra.
Decorazione: ///
Elementi Geometrici: DG 1a
Iscrizione: [...]NEO QUI VIXIT AN LIII / [...]ERINA COIUX IPSIUS QUE / [...] IN PACE RIQUESCUIET / [...]NUS [...]
Trascrizione: *[Ire]neo qui vixit an(nos) LIII [Sev?]erina co(n)iu(n)x ipsius que [hic] in pace riquescuiet [an]nus [...]*
Datazione: Fine del IV secolo
Gruppo: Monopartito, *tabula ansata*.
Bibliografia: ICVR VIII, 21115.
Descrizione e Osservazioni:
Il mosaico presenta gravi lacune. La disposizione del mosaico è orizzontale. La cornice della *tabula* è formata da una fila di tessere bianche (DG 1a) e il campo musivo è interessato dall'iscrizione in quattro righe senza linee di supporto.

53)
Denominazione: ROM 2
Località: Roma
Ubicazione: Catacombe di Pretestato
Misure: ///
Cromia: ///
Decorazione: ///
Elementi Geometrici: ///
Iscrizione: FILIE DULCI / [...]CE DICNITAT / [...]
Trascrizione: *Fili(a)e dulci [in pa]ce Dicnitat[i ...].*
Datazione: IV secolo
Gruppo: ///
Bibliografia: ICVR V, 14183a.
Descrizione e Osservazioni:
Il mosaico risulta gravemente danneggiato, impossibile analizzarlo.

54)
Denominazione: ROM 3
Località: Roma
Ubicazione: *Pars infima coementerium Pamphili*
Misure: ///
Cromia: Bianco, nero.
Decorazione: ///
Elementi Geometrici: DG 1a
Iscrizione: ERACL[...]RENTIBUS / BENEMENTIBUS QUI / VIXERUNT INTER SE ANIS / XLVIII DECAEST POS AN / NOS VII AGAPE VOS IN PAC.
Trascrizione: *Eracl[io ...pa]rentibus benemerentibus qui vixerunt inter se an(n)is XLVIII decaes(it) pos annos VII agape vos in pac(e).*
Datazione: Fine IV secolo inizio V secolo
Gruppo: Monopartito
Bibliografia: ICVR X, 26385.
Descrizione e Osservazioni:
Il mosaico presenta varie lacune, talvolta gravi. La fattezza del manufatto è estremamente modesta. La disposizione del mosaico è orizzontale. La cornice è una semplice fila di tessere (DG 1a). il campo musivo è interessato dall'iscrizione in 5 righe senza linee di supporto.

55)
Denominazione: ROM 4
Località: Roma
Ubicazione: Cimitero tra Santa Felicita e la via Salaria (perduto?).
Misure: ///
Cromia: ///
Decorazione: ///
Elementi Geometrici: ///
Iscrizione: TRANQUILLINA IN PACE MESES V / TRANQUILLINA QUE VIXIT ANNOS VII
Trascrizione: *Tranquillina in pace meses V / Tranquillina que vixit annos VII.*
Datazione: IV secolo
Gruppo: ///
Bibliografia: ICVR IX, 24190.
Descrizione e Osservazioni:
Nulla possiamo dire del mosaico giacché sembra perduto e ci rimane solo la trascrizione dell'iscrizione.

56)
Denominazione: ROM 5
Località: Roma
Ubicazione: Perduto
Misure: ///
Cromia: ///
Decorazione: ///
Elementi Geometrici: ///
Iscrizione: OBLUNIO PROCULLIANO PATRI VENE / MERENTI FECIT CARISSIMA FILIA QUI / VIVIT ANNO LVI M V IES X
Trascrizione: *Oblunio Proculliano patri venemerenti fecit Carissima filia qui vixit anno(s) CVI m(enses) V (d)ies X.*
Datazione: Metà del IV secolo?
Gruppo: ///
Bibliografia: ICVR VIII, 23235.
Descrizione e Osservazioni:
Il mosaico è ormai perduto.

3.6. MARCHE
Provincia di Ancona
- *Ancona*

57)
Denominazione: ANC 1
Località: Ancona
Ubicazione: Chiesa di Santa Maria della Piazza
Misure: ///
Cromia: ///
Decorazione: ///
Elementi Geometrici: ///
Iscrizione: [...] SM [...] / OSI [...] / DUS IAN[...] / IAS IND[...] / ONE OCTAVA
Trascrizione: [...]Sm[...] [dep]osi[t--] [i]dus ian[uar]ias ind[icti]one octava
Datazione: 500-600 d.C.
Gruppo: Monopartito
Bibliografia: Canti Polichetti 1981, 30.
Descrizione e Osservazioni:
Il mosaico (fig. 27) venne ritrovato nella Chiesa di Santa Maria della Piazza, lacunoso. Sopravvivono solo alcune righe, lacunose, dell'epitaffio.

58)
Denominazione: ANC 2
Località: Ancona
Ubicazione: Chiesa di Santa Maria della Piazza
Misure: ///
Cromia: ///
Decorazione: ///
Elementi Geometrici: ///
Iscrizione: HIC REQVIE / SCIT STEFA / NVS FILIV / S SARM / [...] AN / [...]
Trascrizione: *Hic requiescit Stefanus filius Sarm[...] an[...].*
Datazione: VI secolo
Gruppo: Monopartito
Bibliografia: Canti Polichetti 1981, 30.
Descrizione e Osservazioni:
Il mosaico (fig. 28) risulta lacunoso nell'ultima riga d'epitaffio. La scrittura non è curata come in ANC 1.

Fig. 27 Mosaico ANC 1, Chiesa di Santa Maria della Piazza, Ancona (da EDCS).

Fig. 28 Mosaico ANC 2, Chiesa di Santa Maria della Piazza, Ancona (da EDCS).

3.7. FRIULI VENEZIA GIULIA
Provincia di Gorizia
- *Grado*

59)
Denominazione: GRA 1
Località: Grado
Ubicazione: Chiesa di Sant'Eufemia
Misure: 46 x 170 cm
Cromia: Bianco, nero, ocra.
Decorazione: ///
Elementi Geometrici: DG 1a
Iscrizione: HIC REQUIESCIT IN PACE CHRISTI SANCTE ME / MORIAE MARCIANUS EPISC QUI VIXIT IN E / PISCOPATO ANNOS XLIIII ET PEREGRINATUS / EST PRO CAUSA FIDEI ANNOS XL DEPOSI / TUS EST AUTEM IN HOC SEPULCRO / VIII KAL MAIAS INDICT UNDECIMA
Trascrizione: *Hic requiescit in pace Christi sanct(a)e memoriae Marcianus episc(opus) qui vixit in episcopato annos XLIIII et peregrinatus est pro causa fidei annos XL depositus est autem in hoc sepulcro VIII kal(endas) maias indict(ione) undecima.*
Datazione: 578 – 608 d.C.
Gruppo: Monopartito
Bibliografia: Zovatto 1963: fig. 144; Bovini 1973: 182-192; Cuscito 1977: 320; Tavano 1986: 355; Brusin 1993: 1186-1187;
Descrizione e Osservazioni:
Il mosaico (fig. 29) venne rinvenuto nel Mausoleo del vescovo *Helias*, in stato di conservazione buono. La disposizione del mosaico è orizzontale. La cornice si compone in tre file di tessere singole (DG 1a). Il campo musivo è interamente interessato dall'epigrafe in sei righe senza linee di supporto. Interessante l'indicazione dell'indizione.[30] Il defunto morì il giorno 24 aprile.

---

[30] L'indizione è presente in un mosaico delle Catacombe di San Gaudioso, non presente in questo lavoro perché inerente ad un arcosolio. L'epitaffio recita: '*Hic requiescit in pace S(an)c(tu)s Gaudiosus episc(opus) qui vixit annis LXX [deposit]us die VI kale(ndas) novembres co[nsule 3 in]dic[tione] VI.*' Ed è databile tra il 451 e il 453 d.C. Si veda: CIL X, 1538; ILCV 1017

Fig. 29 Mosaico GRA 1, Chiesa di Sant'Eufemia, Grado (da EDCS).

60)
Denominazione: GRA 2
Località: Grado
Ubicazione: Basilica di Sant'Eufemia
Misure: 234 x 100 cm
Cromia: Policromo
Decorazione: Cratere con viticci, colombe.
Elementi Geometrici: DG 1a
Iscrizione: HIC REQUIESCIT / PETRUS QUI PAPA / RIO FIL OLIMPII IU / DAEI SOLUSQUE / EX GENTE SUA / AD XPI MEUIT / GRATIAM PERVENI / RE ET IN HANC SCAM / AULAM DIGNE SEPUL / TUS EST SUB D PRD / ID IUL IND QUARTA
Trascrizione: *Hic requiescit Petrus qui Papario fil(iua) Olimpii Iudaei solusque ex gente sua ad Christi meruit gratian pervenire et in hanc s(an)c(t)am aulam digne sepultus est sub d(ie) pr(i)d(ie) id(us) iul(ias= ind(ictione) quarta.*
Datazione: 406 – 466 d.C.
Gruppo: Bipartito
Bibliografia: Bovini 1973: 22-25; Noy 1993: 13-16.

Descrizione e Osservazioni:
Il mosaico (fig. 30), in buono stato di conservazione, fu ritrovato sotto la navata mediana della Basilica di Sant'Eufemia. La disposizione del mosaico è verticale. La cornice è una semplice fila di tessere nere (DG 1a). Il campo musivo è diviso in due parti: il registro superiore con l'iscrizione in 12 righe con linee di supporto; il registro inferiore presenta una ricca decorazione con al centro un cratere dal quale spuntano quattro viticci nei quali ritroviamo due colombe affrontate, forse intente a bere dal cratere. Il defunto morì il giorno 30 giugno.

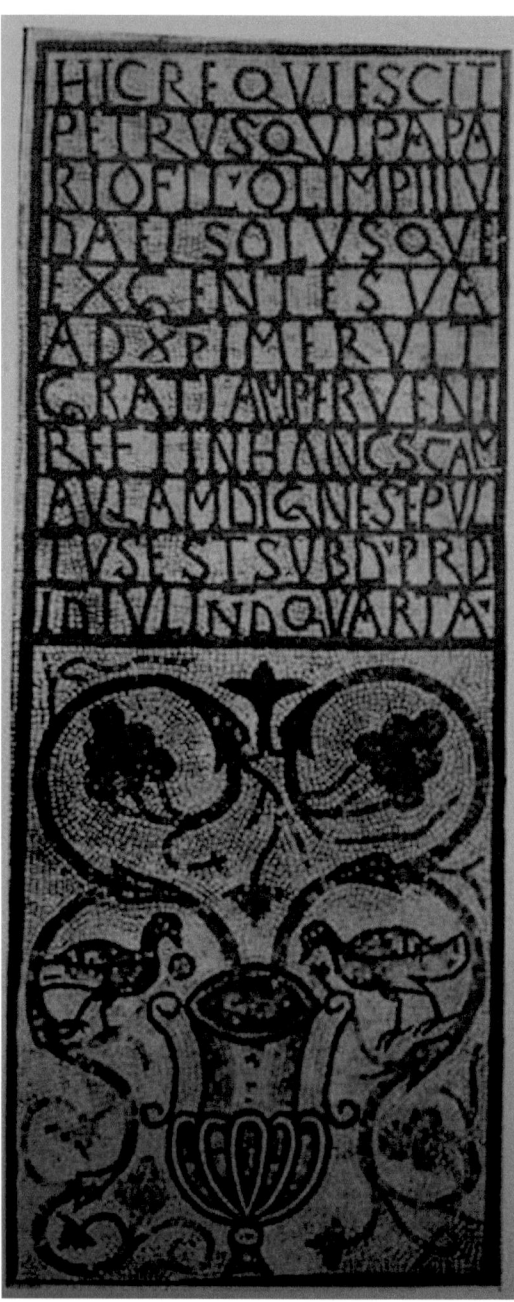

Fig. 30 Mosaico GRA 2, Chiesa di Sant'Eufemia, Grado (da EDCS).

Denominazione	Nome defunto/dedicante	Gruppo	Disposizione	Età defunto	Cornice	Chrismon	Luogo di ritrovamento	Datazione	Annotazioni
SIR 1	///	///	///	///	///	///	Catacomba	///	Iscrizione in greco
SIR 2	///	///	///	///	///	///	Catacomba	///	///
SAL 1	Max[...]	Tripartito	Orizzontale	///	2j	Sì	Basilica	Metà V secolo	Iscrizione in greco
SAL 2	Dionisius	Tripartito	Verticale	55 a.	///	///	Basilica	Metà V secolo	///
NOR 1	1) /// 2) /// 3) ///	Monopartito	Orizzontale	1) /// 2) /// 3) ///	62c var.	///	Basilica	Fine IV/ Primo quarto V secolo	Tomba tripla
CAG 1	///	Bipartito?	Verticale	///	60e	///	Basilica	Prima metà del V secolo	*Tabula ansata?*
CAG 2	Romanianus? Valeria?	///	///	///	///	///	Basilica	///	Perduto
CAG 3	Iulius?	///	///	///	///	///	Basilica	///	Perduto
CAG 4	///	Monopartito?	Orizzontale	///	44c?	///	Basilica	Metà del V secolo/VI secolo	Perduto
CAG 5	Luxorio	Monopartito?	Orizzontale	///	70j?	///	Basilica	Prima metà del V secolo	Perduto
CAG 6	Iulianus	Monopartito	Orizzontale	P.M. 20 a.	///	///	Basilica	Prima metà del IV secolo	Perduto

CAG 7	Bonifatio	Monopartito	Orizzontale	P.M. 60 a.		///	Basilica	Fine IV/Inizi VI secolo	Perduto
CAG 8	///	Monopartito	Orizzontale	81 a.	18a? 50d? 62c?	///	Basilica	Fine IV/ Prima metà V secolo	Perduto
CAG 9	Iustina?	///	Orizzontale	55 a.	///	///	Basilica	///	Perduto
CAG 10	Kitina?	///	///	///	///	///	Basilica	///	Perduto
CAG 11	///	///	///	///	///	///	Basilica	///	Perduto
CAG 12	Lellus	///	///	5 a. 11 m.	///	///	Basilica	///	Perduto
CAG 13	Optantius	///	Orizzontale	///	///	///	Basilica	///	Perduto
CAG 14	///	///	///	///	///	///	Basilica	///	Perduto
CAG 15	///	///	///	///	///	///	Basilica	///	Perduto
CAG 16	Rusticus	///	///	///	///	///	Basilica	///	Perduto
CAG 17	Stefana?	///	///	///	///	///	Basilica	///	Perduto
CAG 18	///	///	///	///	///	///	Basilica	///	Perduto
CAG 19	///	///	///	///	///	///	Basilica	///	Perduto
SSP 1	Sperati	///	///	///	///	///	Basilica	Primo quarto del VI secolo	Perduto
FOR 1	Flavius Rogatianus	Bipartito	Verticale	52 a. 15 g.	2j; 89c var.	///	Basilica	Metà V secolo	///
COR 1	///	///	///	///	///	///	Necropoli	///	Tessere sciolte

TUR 1	Septimiae Musae	Monopartito	Orizzontale	47 a 5 m. 15 g.	1a; 1y; 60e; 73f	Sì	Necropoli	Fine IV/Inizi V secolo	Tomba a cassone; *tabula ansata*
TUR 2	*Dioniso*; Dedicanti: Esychius; Valeria	Monopartito	Orizzontale	55 a 2 m. 10 g.	1a; 1y; 60e; 73f	Sì	Necropoli	Fine IV/Inizi V secolo	Tomba a cassone; *tabula ansata*
TUR 3	*Pollius Savinus*; Dedicanti: *Calpurnia Ostia cum alumno*	Monopartito	Orizzontale	///	2a; 73f	///	Necropoli	Metà del IV secolo	Iscrizione pagana; *tabula ansata*
TUR 4	[T]*urritana*	Bipartito? Tripartito?	Orizzontale	83 a.? 33 a.?	17h; 89c	///	Basilica	Prima metà del V secolo	///
TUR 5	*Pelagius*	Monopartito	Orizzontale	///	2a	///	Basilica	Prima metà del V secolo	Dubbia sepoltura
TUR 6	///	///	Verticale	///	///	///	Basilica	Metà V secolo	Tomba a cassone
TUR 7	///	///	///	///	///	///	Basilica	IV-V secolo	Perduto
TUR 8	*G(a)udentius*	///	///	///	///	///	Basilica	V secolo	Perduto
TUR 9	*Luxurius*	///	///	///	///	///	Basilica	V secolo	Perduto
TUR 10	*Iustinus*	///	///	///	///	///	Basilica	V secolo	Perduto
CAN 1	///	///	Orizzontale	///	68b/d	///	Complesso episcopale	Primo quarto del VI secolo	///
NAP 1	*Alex[...]*	Monopartito	Orizzontale	9 a.	1a	///	Catacomba	Metà V secolo	///

NAP 2	///	Monopartito?	///	///	1y	///	Catacomba	Metà V secolo	///
NAP 3	///	Monopartito?	Orizzontale	///	///	///	Catacomba	Metà V secolo	///
NAP 4	///	///	///	///	1a	///	Catacomba	Metà V secolo	///
NAP 5	///	Monopartito?	Orizzontale	///	///	///	Catacomba	Metà V secolo	///
NAP 6	///	///	///	///	///	///	Catacomba	///	///
NAP 7	///	Monopartito?	Orizzontale	///	1a	///	Catacomba	Metà V secolo	///
NAP 8	///	///	///	///	///	///	Catacomba	Metà V secolo	///
NAP 9	///	///	///	///	///	///	Catacomba	Metà V secolo	///
NAP 19	///	Monopartito?	///	///	///	///	Catacomba	Metà V secolo	///
NAP 11	///	///	///	///	///	///	Catacomba	Metà V secolo	///
NAP 12	///	Monopartito?	///	///	///	///	Catacomba	Metà V secolo	///
TEA 1	*Felicita*	Monopartito	Orizzontale	///	2g; 70j	Sì	Necropoli	Fine del IV secolo	///
ROM 1	*[Ire]neo*	Monopartito	Orizzontale	53 a.	1a	///	Catacomba	Fine del IV secolo	*Tabula ansata*
ROM 2	///	///	///	///	1a	///	Catacomba	IV secolo	///
ROM 3	*Eracl[io]*	Monopartito	Orizzontale	48 a.	1a	///	Cimitero	Fine IV/Inizi V secolo	Tomba doppia?

ROM 4	*Tranquillina /Tranquillina*	///	///	1) 5 m. 2) 7 a.	///	///	Cimitero	IV secolo	Perduto; Tomba doppia
ROM 5	*Oblunio Proculliano*	///	///	56 a. 5 m. 10 g.	///	///	///	Metà del IV secolo	Perduto
ANC 1	///	Monopartito	Verticale	///	///	///	Chiesa	VI secolo	
ANC 2	*Stefanus*	Monopartito	Orizzontale	///	///	///	Chiesa	VI secolo	
GRA 1	*Marcianus*	Monopartito	Orizzontale	60 a.	1a	///	Basilica	578-608	///
GRA 2	*Petrus*	Bipartito	Verticale	///	1a	///	Basilica	406-466	///

4. IL FENOMENO DEL MOSAICO FUNERARIO TARDOANTICO: ANALISI

4.1. La distribuzione geografica

L'Italia (fig. 31) ha un modesto quantitativo di mosaici funerari, in totale 60, molti dei quali ormai perduti o in stato frammentario.

La zona con maggiori attestazioni risulta essere la Sardegna con 33 esemplari, più della metà di quelli ritrovati in tutta l'area oggetto di questo lavoro. La concentrazione più forte si ha nel sud dell'Isola con 19 mosaici nella sola Cagliari (CAG 1-19) e un esemplare a Nora (NOR 1) e uno a San Sperate (SSP 1). Nel centro della Sardegna ci rimane un'attestazione proveniente da *Forum Traiani* (FOR 1) e delle tessere sciolte (COR 1). Modeste attestazioni nel nord con gli esemplari di *Turris Libisonis* (TUR 1-10). Bisogna però ricordare che gli esemplari provenienti da Cagliari sono, per la maggior parte, trasmessi grazie alle fonti seicentesche.

Particolare concentrazione si riscontra in Campania con 12 mosaici sepolcrali provenienti dalle catacombe napoletane (NAP 1-12) e un esemplare con provenienza Teano (TEA 1). I mosaici provenienti da Napoli versano, per la maggior parte, in precario stato di conservazioni, talora estremamente frammentari.

Segue il Lazio con l'*Urbe* con 5 testimonianze (ROM 1-5), anche in questo stato molto frammentari e poco documentati.

La Sicilia conserva 4 mosaici: due provenienti da Siracusa (SIR 1-2) del quale non restano che frammenti e due dalla Basilica di Salemi (1-2).

Nella Penisola centrale si hanno anche i due frammenti tardi provenienti da Ancona (ANC 1-2).

Due sole attestazioni per il Friuli Venezia Giulia, entrambi provenienti da Grado (GRA 1-2) e infine una sola testimonianza per la Puglia, a Canosa (CAN 1).

La distribuzione, come si evince, non è per niente capillare e solo due zone posseggono una discreta attestazione, la Sardegna e l'area campana. Le altre zone sembrano essere interessate dal fenomeno solo in maniera marginale e sporadica.

Fig. 31 Distribuzione geografica dei mosaici funerari tardoantichi in Italia.

4.2. Datazione

La datazione (fig. 32) dei mosaici funerari ha un *range* cronologico che va dal IV secolo sino a lambire il VII secolo.

Dopo una timida apparizione nella prima metà del IV secolo, che rappresenta il 19 % del totale al quale deve aggiungersi il 18% riferito a mosaici che si trovano a cavallo tra il IV e il V secolo, vediamo che il picco massimo di produzione l'abbiamo a partire dal V secolo che rappresenta, da solo, il 49 % del totale, un dato che si trova in linea con altre aree del Mediterraneo occidentale come la Spagna,[31] la Bizacena[32] e la Zeugitana.[33] Dalla metà del V secolo si assiste però a un inesorabile declino della produzione: infatti solo il 7% dei mosaici è databile al pieno VI secolo e solo il 2% tra la fine del VI e gli inizi del VII.

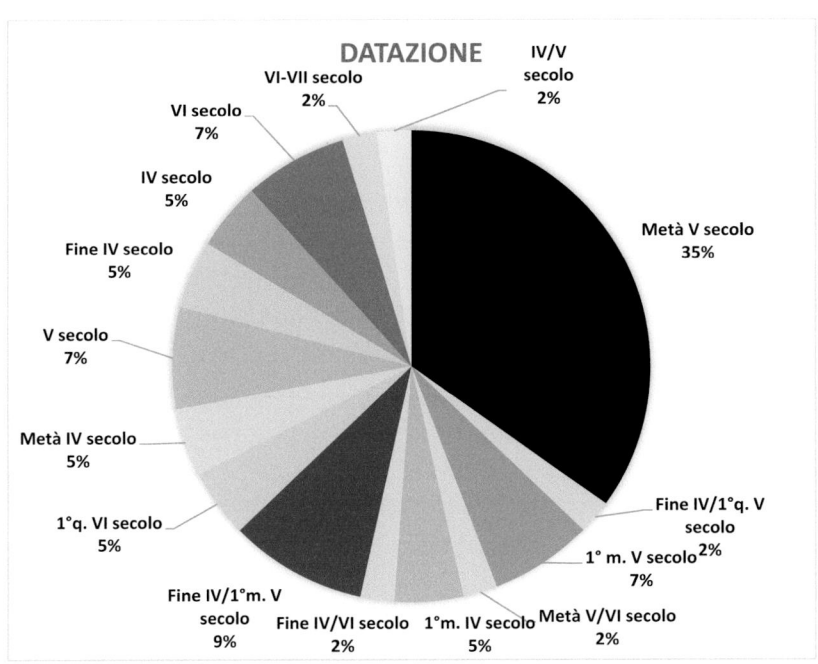

FIG. 32 DATAZIONE DEI MOSAICI FUNERARI TARDOANTICHI IN ITALIA.

---

[31] Quattrocchi 2017a: 969.
[32] Quattrocchi 2017a: 407.
[33] Quattrocchi 2017a: 847.

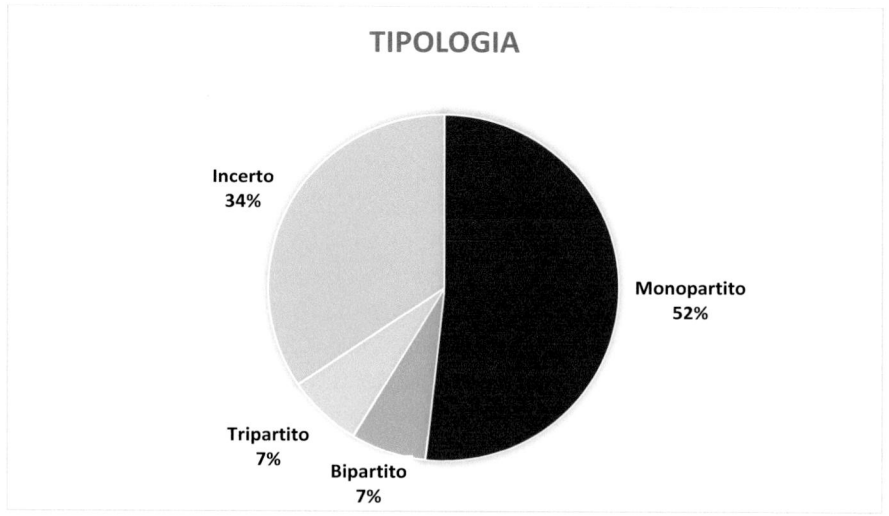

FIG. 33 TIPOLOGIA DEI MOSAICI FUNERARI TARDOANTICHI IN ITALIA.

4.3. Tipologia

La tipologia dei mosaici funerari in Italia (fig. 33) non è molto variegata.

Il dato ricavato però è affettato dalla mancanza di dati, non solo per la frammentarietà dei mosaici ma anche, e soprattutto, per la loro perdita; il 34% dei mosaici infatti possiede una tipologia incerta.

La tipologia maggiormente usata è, comunque, quella a registro singolo o monopartito, con addirittura il 52%, nel quale ritroviamo quattro esemplari a *tabula ansata*. Le quote minoritarie sono quelle dei mosaici bipartiti e tripartiti, mentre si nota una totale assenza dei mosaici quadripartiti, contrariamente ad altre zone del Mediterraneo occidentale.[34]

4.4. Disposizione

Delle due disposizioni possibili, orizzontale e verticale, in Italia è notevolmente superiore quella orizzontale (fig. 34) con l'83% del totale.

La disposizione verticale invece si ferma solo al 17%. Anche in questo frangente si lamenta la mancanza di dati in nostro possesso.

---

[34] Quattrocchi 2017a: 407, 847, 969.

FIG. 34 DISPOSIZIONE DEI MOSAICI FUNERARI TARDOANTICHI IN ITALIA.

4.5. Luoghi di ritrovamento

I luoghi di ritrovamento (fig. 35) sono essenzialmente tre: basilica, catacomba, necropoli.

I dati confermano quanto accade in Bizacena e in Zeugitana,[35] infatti la maggior parte dei mosaici funerari (60%) furono scoperti in basilica, mentre il 28% in catacombe e il 12% in necropoli. È un dato molto interessante perché ci permette di poter affermare che l'habitat naturale, ovvero l'ambiente più consono per questa tipologia di sepoltura, sia la basilica. Nella Penisola Iberica invece[36] il dato è leggermente differente, forse per le poche basiliche funerarie presenti nella zona.

---

[35] Quattrocchi 2017a: 411, 850.
[36] Quattrocchi 2017b: c.d.s.

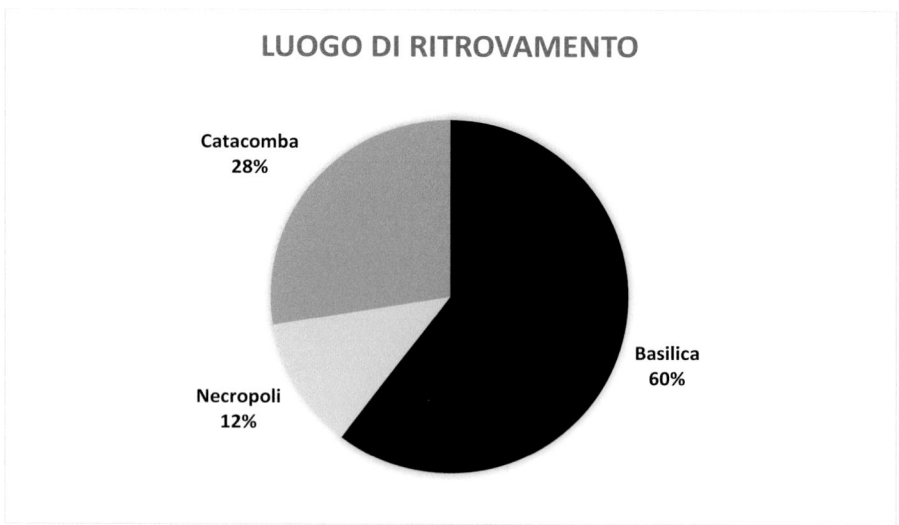

Fig. 35 Luoghi di ritrovamento dei mosaici funerari tardoantichi in Italia.

4.6. I motivi decorativi

4.6.1. Le cornici

Non si ha una grande varietà di cornici, si passa dalla più semplice (DG 1a/y) che riscuote il maggior successo, a quello leggermente più complesse come le DG 2a/g, basate comunque sempre su semplici composizioni di linee di tessere.

Le cornici più elaborate le ritroviamo nei mosaici CAG 1, TUR 1-2 e FOR 1.

Negli esemplari CAG 1 e TUR 1-2 (fig. 36) ritroviamo cornici ondulate (DG 60e) e trecce policrome (DG 73f). Il caso di FOR 1 invece, benché presenti una cornice esterna semplice (DG 2j), possiede al suo interno una doppia cornice, nel pannello inferiore, della tipologia DG 89c, ovvero una ghirlanda con foglie di alloro, verdi con la sommità bianca (fig. 36).

FIG. 36 DETTAGLIO DELLA CORNICE DEI MOSAICI TUR 1-2, ANTIQUARIUM TURRITANO, PORTO TORRES (FOTO DELL'AUTORE).

4.6.2. I chrismoi

Nel gruppo delle coperture tombali analizzato il *chrismon*[37] non gode di grande successo. Sono solo quattro i mosaici decorati con questo motivo spiccatamente cristiano (TEA 1, SAL 1, TUR 1, TUR 2).

La testimonianza proveniente da Teano (TEA 1) presenta un grande *chrismon* centrale, che funge da separazione tra le due scene figurate, almeno in maniera ideale, all'interno di quella che sembra essere una corona d'alloro.

Il mosaico di Salemi (SAL 1) ha anch'esso un grande cristogramma (fig. 38), ma in questo caso è accompagnato da nessuna corona e sembra fungere maggiormente da riempitivo decorativo. È da notare la mancanza della X che dovrebbe attraversare l'asticella della P.

---

[37] Per i *chrismoi* si veda in generale: Mazzoleni 1997: 165-171.

Fig. 37 Cornice del mosaico FOR 1, magazzini del Comune di Fordongianus (foto dell'Autore).

Fig. 38 Dettaglio del chrismon del mosaico SAL 1, Basilica di San Miceli, Salemi (foto dell'autore).

Nei casi turritani (TUR 1-2) i *chrismoi* sono collocati dentro le anse (fig. 39) della *tabula ansata*. Ma non solo: nell'ultima riga dell'epitaffio del TUR 1 lo ritroviamo abbinato a *nomen* per evocare il nome di Cristo.

4.6.3. I motivi vegetali

Rare sono le decorazioni vegetali e quasi tutte associate ai *kantharoi*. L'unica testimonianza svincolata da questo abbinamento è quella del NOR 1, nella quale vediamo, sopra la colomba, un piccolo fiore, probabilmente una rosa con bocciolo chiuso.

Gli altri motivi vegetali (GRA 2, CAG 4) sono accompagnate, come accennato, dai vasi, e verosimilmente si trattano di viticci.

4.6.4. I *kantharoi*

Quattro mosaici ci presentano una rappresentazione con *kantharos*.[38] Se si esclude il CAG 4, del quale rimane solo uno schizzo seicentesco, gli altri esempi sono il FOR 1, TUR 4 e il GRA 2.

---

[38] Per l'utilizzo del *kantharos* nell'arte paleocristiana si veda: Flaminio 2000: 143-146.

Fig. 39 Dettaglio del chrismon del mosaico TUR 1, Antiquarium Turritano, Porto Torres (foto dell'Autore).

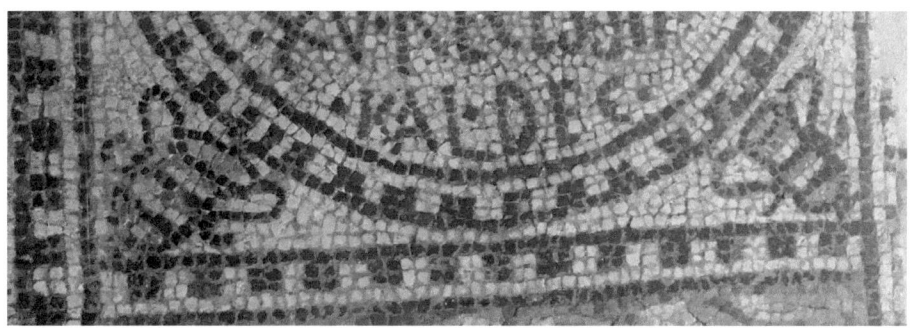

Fig. 40 Dettaglio dei kantharoi del mosaico FOR 1, magazzini del Comune di Fordongianus (foto dell'Autore).

Particolare è l'utilizzo di quattro *kantharoi* nel FOR 1(fig. 40), che li ritroviamo disposti in maniera simmetrica intorno al cerchio che racchiude l'epitaffio, in modulo ridotto.

Il *kantharos* del TUR 4 ha un corpo tozzo, con volumi definiti ma talvolta imprecisi.

Diverso è l'esempio del GRA 2, nel quale il *kantharos* è elegantemente disegnato, con anse a S, corpo cilindrico e ampia bocca dalla quale fuoriescono quattro viticci.

4.6.5. Gli uccelli

La categoria dei volatili non ha riscosso successo in questi mosaici funerari. Nel GRA 2 troviamo due colombe affrontate, poggiate ai viticci che fuoriescono dal *kantharos*, forse immortalate nell'attimo prima di abbeverarsi.

Una colomba[39] (per quanto sia ipotizzabile dovesse trovarsi un'altra colomba speculare alla superstite) si ritrova nel NOR 1. La colomba è ben definita, con il collo proteso verso l'iscrizione in modo da riempire il vuoto che andava creandosi.

Colombe sono presenti ai quattro lati del TUR 1, di buona fattura, speculari tra di loro (fig. 41).

---

[39] Per quello che riguarda le colombe si guardi: Mazzei 2000: 153-154.

Fig. 41 Colomba del mosaico TUR 1, Antiquarium Turritano, Porto Torres (foto dell'Autore).

4.6.6. La figura umana

La rappresentazione umana è presente in due sole attestazioni: TUR 6 e TEA 1.

Il TEA 1 risulta essere un mosaico *sui generis* rispetto alle testimonianze analizzate fin ora. In questo tessellato ritroviamo diverse rappresentazioni della figura umana: da sinistra vediamo i Santi Pietro e Paolo a colloquio, entrambi seduti su una sedia foderata di rosso che reggono un *volumen* nella mano sinistra, vestono una lunga dalmatica e sono girati di tre quarti. L'altra rappresentazione è particolare, si tratta dell'Adorazione dei Magi[40] nella quale vediamo la Vergine seduta su di un trono riccamente decorato che regge Gesù in braccio (fig. 42); sulla destra i tre Magi che portano i consueti doni. I Magi vestono una corta tunica sopra il ginocchio ed è molto interessante notare la diversa gradazione del colore della pelle resa con le tessere.

---

[40] Massara 2000: 205-211.

Nel TUR 6 si ha un frammento di quello che doveva essere un orante tra i ceri, che veste una lunga dalmatica verde, tipologia molto diffusa a Tabarka.[41] La trattazione di questa figura appare però alquanto piatta e asciutta.

4.7. Confronti

La ricerca dei confronti è un lavoro arduo perché la maggior parte delle testimonianze musive sepolcrali dell'Italia sono decisamente frammentaria, spesso del tutto illeggibili. Per non incorrere in errore si preferisce, dunque, prendere in esame quei mosaici nei quali la composizione musiva è ben leggibile.

Notevoli sono i confronti che si possono addurre al mosaico GRA 2, soprattutto per la sua composizione d'insieme. Il *kantharos* con viticci e colombe trova notevole consenso in Zeugitana e in Algeria. In Bizacena si hanno mosaici simili ma sono tripartiti, non bipartiti come nel nostro caso e i motivi vegetali, talvolta, risultano essere più asciutti.[42] Proprio per questo motivo è meglio accostare il GRA 2 alla fortunata serie di Kélibia[43] in Zeugitana e al mosaico di Chabersas in Algeria[44] tutti databili tra la fine del IV e gli inizi del V secolo. La datazione sarebbe concorde con il nostro esempio, che possiamo datare all'interno di 50 anni, tra il 406 e il 466. Lo schema del registro inferiore è pressoché identico a quello dei mosaici citati, l'unica eccezione è data dal campo epigrafico: nei mosaici africani l'epitaffio si trova inserito dentro un cerchio, mentre nel caso friulano l'iscrizione si trova in un campo quasi quadrato, risultando così attaccato senza soluzione di continuità al pannello inferiore. Con probabilità c'è stata una volontà reinterpretativa da parte dell'artigiano o, forse, il cartone arrivato sino a Grado conteneva solo lo schema del pannello inferiore e non di quello superiore.

---

[41] Alexander 1987: 1-11.
[42] Come nel caso di un mosaico ritrovato in una necropoli pagana a Sousse: Foucher 1958: 32-34.
[43] Cintas – Duval 1958: fig. 15a; 17a; 18a-b.
[44] Leschi 1952: 80.

Fig. 42 Particolare della Vergine con Gesù del mosaico TEA 1, Museo archeologico di Teanum Sidicinum (foto MIBACT).

Il prototipo musivo da cercare per il SAL 1 lo ritroviamo a *Hadrumetum*[45] dal quale derivano poi nelle generazioni a seguire, i mosaici di questa tipologia, ovvero un mosaico posto in orizzontale, bipartito o tripartito, con la presenta di *chrismon* con o senza corona e l'epitaffio centrale. Il mosaico di *Hadrumetum* si data alla prima metà del IV secolo. Confronti stringenti, in termini di disposizione spaziale e iconografica, li abbiamo con il SAD 105 della seconda metà del V secolo e ancora di più con i mosaici SAD 6 e SAD 24 della fine del V.

Il mosaico SAL 2, invece, è sciatto, non curato nella composizione, quasi abbozzato, ma trova confronti con un mosaico della Basilica di Uppenna della fine del IV secolo e gli inizi del V secolo.

Per l'area sarda possiamo provare a trovare confronti per il mosaico NOR 1, specialmente con la serie di Sidi Djdidi[46] e con quelli di Uppenna,[47] almeno in quel lotto di mosaici datati tutti entro il V secolo che adoperano una cornice simile (DG 62c e affini).

Gli esemplari TUR 1, TUR 2, TUR 3, TUR 4 sono tutti confrontabili con mosaici di ambiente algerino, specificatamente della serie di Sétif che sono datati tra il 378 d.C. e il 429 d.C.[48] Il TUR 6 ha precisi confronti, invece, con la fortunata serie degli Oranti nata a Tabarka, dalla quale sembra riprendere in maniere pedissequa lo schema compositivo e, talvolta, la trattazione anatomica.[49]

Il FOR 1 ha una composizione che è una commistione di più cartoni,[50] ma certamente i prototipi ai quali si ispira sono da ricercare a Kélibia, in mosaici datati alla metà del V secolo.

---

[45] Leynaud 1910: 413-414.
[46] Ben Khader *et al.* 2011.
[47] Raynal 2005.
[48] Février 1965: A5-7, 11, 18-19; B5, 15, 20, 38, 46, 54, 56; 434-450; Quattrocchi 2014: 249,
[49] Alexander 1987: 1-11.
[50] Quattrocchi 2017b: c.d.s.

4.8. Le botteghe musive

Non sarà semplice individuare delle botteghe musive per questo gruppo dei mosaici funerari, le condizioni precarie di molti pezzi, come già ribadito, impediscono una visione d'insieme unitaria e ben definita.

La *Bottega turritana I* mise in opera i mosaici TUR 1 e TUR 2, utilizzando un'ampia tavolozza di colori e usando lo schema della tabula *ansata*. La disposizione del testo è molto simile, con un'indicazione precisa dell'età dei defunti, con lettere in capitale ben definite. Per quanto esista un minimo scarto di anni nella realizzazione dei due pannelli, possiamo certamente affermare che questa bottega fosse attiva per lo meno durante la fine del IV e gli inizi del V secolo e che lavorasse ad un buon livello esecutivo, impiegando maestranze locali che riprendevano schemi decorativi algerini, dando poi lo spunto alla *Bottega turritana II*.

Probabilmente discepola della prima bottega analizzata è appunto la *Bottega turritana II*, che mise in posa i mosaici TUR 4 e TUR 5. La realizzazione non è ottima, ci sono diverse incertezze nell'epigrafe, talvolta, con lettere di grandezza differente e oscillanti all'interno delle linee di supporto. Maggiore abilità sembra evincersi invece nella composizione geometrica della cornice superiore. Si tratta di una bottega locale, probabilmente non molto esperta nel mosaico funerario, attiva nella prima metà del V secolo.

La bottega che mise in posa il mosaico NOR 1 era con molta probabilità di origine cagliaritana, la chiameremo appunto *Bottega caralitana*. Sin dal III secolo d.C. Nora e Cagliari[51] avevano un intenso traffico di cartoni e artigiani musivi[52] e non stupisce che anche durante il secolo IV e V questo scambio potesse avvenire. Se ci basiamo sugli schizzi seicenteschi rimastici dei mosaici CAG 7-8, e sul superstite CAG 1, notiamo diverse somiglianze col NOR 1. La cornice adoperata è la medesima, ma anche il formulario utilizzato per l'epitaffio è molto simile, con la presenza, rara nei mosaici funerari sardi, della formula *plus minus*, che ritroviamo nel CAG 7 e nel NOR 1. Non si possono fare affermazioni circa la scrittura, trattandosi di schizzi seicenteschi talvolta poco fedeli, ma possiamo ipotizzare che la *Bottega caralitana*, che certamente operava intorno alla Basilica di San Saturno,

---

[51] Quattrocchi 2015a: 217-234.
[52] Quattrocchi 2017c: 1295-1300

avesse potuto operare anche in ambiente norense, utilizzando i medesimi i cartoni musivi. Questa bottega, certamente locale, era attiva tra la fine del IV secolo e la prima metà del V secolo.

Una bottega locale attiva nella metà del V secolo doveva trovarsi a Napoli, la *Bottega neapolitana*, ed operava presso le Catacombe della città. Non possiamo affermare molto circa questa bottega, se non che fosse probabilmente una bottega con una forte radice epigrafica, votata in seguito alla realizzazione di pannelli musivi funerari: evidente è la totale assenza di qualsiasi decorazione figurata.

Per le altre testimonianze musive funerarie non è possibile ipotizzare qualsivoglia bottega, per quanto tutti sembrano essere opera di una bottega locale, probabilmente già operante in loco ma con vocazione non funeraria.

5. CONCLUSIONI

Come abbiamo visto, in Italia, sono presi in esame appena 60 testimonianze musive, molte delle quali andate perdute o tanto frammentarie da essere oggi illeggibili. Questo è un dato che falsa, dunque, l'effettiva entità del fenomeno stesso, dandoci una percezione inferiore rispetto alla, forse, vera portata delle coperture tombali. Un fatto evidente è però che la Penisola era già interessata, da secoli, dall'attività di scuole musive che forse mal si prestavano a recepire nuovi modelli e nuovi cartoni. Proprio in virtù di questo fatto la regione con una varietà più vivace rispetto alle altre analizzate è proprio la Sardegna, 'colonizzata' da artigiani africani che continuarono a scambiare maestranze e *copy book* dalla media età imperiale fino alla tarda antichità, dando così opportunità agli artigiani locali di rielaborare, talvolta, gli schemi musivi. Nelle altre regioni questo dato non è intuibile, la grande scuola musiva della zona alto-adriatica, che comunque ha parimenti subito l'influenza africana, mise in opera soli due mosaici di natura funeraria, GRA 1- 2. Tralasciando il GRA 1, eccessivamente semplice come impaginato decorativo, il GRA 2 sembra riprendere gli schemi decorativi soprattutto dell'area tunisina, ma in maniera ridotta e parziale. Lo stesso vale per la Sicilia, che nonostante abbia un grosso patrimonio musivo dovuto alla tradizione certamente africana, non ha saputo, o non ha avuto interesse, a recepire i modelli delle coperture tombali musive.

Il fenomeno del mosaico funerario ha dunque solo lambito il territorio italiano, lasciando sì alcune tracce, ma troppo deboli per poter creare uno schema analitico unitario e ben strutturato. Come si è detto l'unica eccezione, per tradizione, è la Sardegna, che ha saputo incorporare nel proprio patrimonio musivo gli schemi funerari, talvolta rielaborandoli come nei casi di FOR 1 e delle botteghe turritane.

A differenza della Spagna, che invece ha saputo recepire gli insegnamenti africani e ha saputo reinterpretarli talora in maniera molto originale,[53] la

---

[53] Blázquez Martínez *et al.* 1990: 673-694; Neira Jiménez 1991: 513-529; Alvarez Martínez 1997: 39-50; López Monteagudo - Blázquez Martínez 2000: 135-153; López Monteagudo 2002: 251-268; Blázquez Martínez: 2006 1395-1412; Neira Jiménez: 2007, 263-290; Durán Penedo 2010: 501-526; Marín Díaz: 2016 404-407; 437-444.

scuola musiva della Penisola italiana non ha fatto propri i cartoni africani.

In Sardegna la situazione, come pocanzi accennato, è differente. In un primo momento l'Isola richiamò artigiani provenienti dal centro Italia[54] che sopravvissero sino ad almeno il III secolo, momento in cui arrivarono artigiani africani[55] a commercializzare i propri cartoni o, chissà, a creare filiali delle loro botteghe. In questo caso possiamo ipotizzare che, in concomitanza con l'arrivo di sarcofagi di fabbrica africana,[56] siano arrivati anche i cartoni del mosaico funerario.

Gli artigiani sardi non si sono mai distinti per estro artistico e anzi sembra più probabile che ricopiassero i modelli africani, senza apporvi modifiche, come invece accade nella Penisola Iberica. Questa 'sterilità' nell'arte musiva si rispecchia durante i secoli IV e V, nei quali troviamo un discreto numero di mosaici funerari,[57] se paragonato alla Penisola Italica o alla Sicilia. Infatti in Sardegna il tessuto 'africanizzato' ha permesso che il modello, e talvolta il cartone MUSIVO stesso, venisse ricopiamo in maniera precisa, senza sostanziali modifiche.

Lo stesso discorso vale per la Sicilia che, sebbene sino ad oggi ci abbia restituito solo quattro coperture tombali musive, mostra un evidente gusto africano degli stessi.

Diversa è la situazione per la fascia centro meridionale della Penisola. Nonostante si tratti di un territorio fortemente urbanizzato abbiamo un ridotto numero di mosaici funerari. In Campania, ad esempio, abbiamo semplici segnacoli di tomba fatti a mosaico (escludendo il caso di Teano), così come avviene a Roma, Ancona e Canosa, in Puglia. Sembrerebbe dunque che questa moda abbia solo sfiorato queste terre, senza affondare delle radici solide. Ribadiamo che tutta la Penisola era fortemente caratterizzata da scuole musive locali, dalla secolare tradizione, che poco si prestavano ad acquisire modelli e cartoni dall'esterno. Forse è proprio per questo motivo che abbiamo mosaici molto semplici, senza velleità o raffigurazioni.

---

[54] Quattrocchi 2015b: 139-145.
[55] Angiolillo 1986: 607-608.
[56] Teatini 2011: 411-414.
[57] Quattrocchi 2014: 247-252; Quattrocchi 2017a: 1018-134.

In ultimo l'area friulana, con i due mosaici funerari di Grado che riprendono canoni africani. Basti pensare che la vicina Aquileia a partire dalla metà del III secolo venne a contatto, in maniera più o meno intensa, con maestranze africane.[58]

Lo scenario qui descritto si può riassumere affermando che delle aree toccate dal fenomeno del mosaico funerario (Sicilia, Sardegna, Campania, Canosa di Puglia, Roma, Ancona e Grado) quelle che rispecchiano maggiormente il cartone originario siano, essenzialmente, tre: Sicilia, Sardegna e Grado. Le altre zone invece risultano ancora ancorate a maestranze poco permeabili. Vero è che le attestazioni sono talmente poche che allo stato attuale si possono solo formulare delle ipotesi.

Ci troviamo dunque di fronte a un quesito: perché territori con un *background* di maestranze africane, o semplicemente di contatto con prototipi africani, non sono state investite in maniera più forte da questo fenomeno?

Per rispondere a questa domanda è necessario fare un passo indietro e analizzare la realtà delle varie aree. Proprio qui entra in gioco la natura intrinseca del mosaico funerario plasmato nel Nord Africa: la committenza è quasi esclusivamente formata dalla comunità cristiana. In virtù di questa committenza dobbiamo cercare dunque di delineare la cristianizzazione, specialmente in termini archeologici e architettonici, delle aree prese in esame.

In Sardegna il quadro generale sulle evidenze archeologiche e architettoniche inerenti le basiliche funerarie è particolare. In primo luogo i martiri rivendicati sono pochi,[59] come ad esempio S. Simplicio di Olbia, S. Lussorio di *Forum Traiani*, S. Gavino di *Turris Libisonis*, Sant'Efisio a Nora, Sant'Antioco nell'omonima isola. Possiamo aggiungere anche i martiri Gennaro e Proto, sebbene compaiano in una *passio* decisamente tarda,[60] e

---

[58] Bueno – Rinaldi 2008: 2601-2617.
[59] Per approfondimenti sui martiri e santi sardi si veda: Meloni 1990: 417-418; Spanu 2000; Cisci 2001: 371-406; Artizzu 2002: 201-208; Martorelli 2006: 39-53; Martorelli 2007: 1419-1448; Martorelli 2010a: 75-84; Martorelli 2010b: 385-442; Martorelli 2010c: 85-102; Corda 2011: 99-105; Lai – Massa 2011; Pinna 2011: 329-346; Martorelli 2012a: 231-263; Martorelli 2012b: Martorelli 2012c: 319-338; Coroneo – Martorelli 2013: 47-61; Martorelli 2016: 161-198; Martorelli *et al.* 2016: 221-254.
[60] Grégoire 2008: 153-154.

in ultimo S. Saturnino, o forse S. Saturno.[61] Quello che ne consegue è un ridotto numero di basiliche a vocazione funeraria: il ristretto numero di martiri, che porterebbero alla volontà di una sepoltura *ad sanctos*[62] viene a mancare in ragione del numero degli stessi. Le evidenze archeologiche, allo stato odierno, sembrano mancare per i SS. Simplicio e Efisio.[63] Sant'Antioco invece sembra avere una prima attestazione databile grazie all'iscrizione del vescovo Pietro, sebbene sia tuttora in corso un dibattito circa la sua datazione: porla alla metà del V secolo[64] o se assegnarla al pieno VI secolo.[65] Degli altri martiri abbiamo notizie più abbondanti.[66]

In sostanza sembrano essere quattro le basiliche funeraria, a ragione o torto, che rivendicano la sepoltura di almeno un martire: S. Saturnino a Cagliari,[67] S. Gavino a Porto Torres,[68] San Lussorio a Fordongianus[69] e chissà Sant'Antioco a *Sulci*.[70] Evidente sembra che dunque, per quanto la sepoltura *ad sanctos* sia attestata, nell'Isola non fossero presenti molte realtà da collegare a chiese funerarie.

Se rapidamente prendiamo in esame la Sicilia vediamo che durante il III e il IV secolo ebbe uno sviluppo prevalentemente latifondiario.[71] La causa di questo sviluppo è da ricercarsi nel dirottamento del grano prodotto in Egitto verso la neonata Costantinopoli, che ha indotto così ad aumentare le forniture del grano siciliano per il bisogno dell'*Urbe*.[72] Non deve passare, però, in secondo piano il fatto che la Sicilia non avesse una giurisdizione

---

[61] Martorelli 2012a: 329-331.
[62] In merito a questa pratica si consulti: Duval 1982.
[63] Spanu 2000: 73-81, 141-149: Cisci 2001: 381.
[64] Cugusi 2003-2004: 543-560.
[65] Corda 2011: 99-105.
[66] In linea generale si veda: Fiocchi Nicolai – Spera 2015: 82-123.
[67] Martorelli 2012a: 88-89.
[68] Spanu 2000: 114-140: lo studioso indica come luogo di sepoltura località Balai; Mastino 2007: 160-196 e Coroneo 2011: 105 invece sostengono che le reliquie siano da collocarsi sul Monte Agellu. Di medesima idea anche: Fiocchi Nicolai – Spera 2015: 84.
[69] Zucca 1989: 128; Spanu 1998: 8; Mastino 1999: 267-268; Oppo 2002: 171-172; Fiocchi Nicolai – Spera 2015.
[70] Nieddu 2002: 371-372; Pani Ermini 2003: 899-900; Martorelli 2011: 71.
[71] Mazza 1982: 293-353; Clemente 1982: 182-219.
[72] Cracco Ruggini 1982: 64-65.

ecclesiastica propria, ma dipendesse direttamente dal Vescovo di Roma.[73] Le varie sedi delle diocesi erano sorte in centri di antica tradizione, con una continuità abitativa fino ad almeno la tardo antichità.[74] Ma la componente rurale che si va creando ha ostacolato, probabilmente, la comparsa di chiese funerarie.[75] Ad esempio a Siracusa le catacombe sembrano essere la soluzione più frequentemente adottata dalla prima comunità cristiana, che continuerà anche dopo la pace costantiniana.[76]

Nella Penisola Italica, invece, la tradizione della basilica funeraria è ben consolidata[77] a partire almeno dalla fine del III secolo, fenomeno che è stato già ampiamente studiato.[78]

Per ritornare alla domanda che poc'anzi ci eravamo posti possiamo asserire che: il mosaico funerario trova il suo habitat ideale proprio nelle basiliche con vocazione funeraria. Questo perché rende possibile la sepoltura di più individui senza ostacolare le normali funzione religiose,[79] fungevo le tombe stesse da pavimento. Oltretutto, non meno importante, risponde in maniera ottima alla crescente richiesta di sepolture *ad sanctos* che proprio in questi secoli si stava rafforzando.

---

[73] Per approfondimenti si veda il volume: Mammino 2004.
[74] De Fino 2009: 39.
[75] Sembra essere un'eccezione proprio la Basilica di San Miceli a Salemi, trattata in questo lavoro.
[76] Ahlqvist 1995: 34-39.
[77] Fiocchi Nicolai 2009; Fiocchi Nicolai 2010: 58-75.
[78] Verrando 1985: 1021-1061; Fiocchi Nicolai 1988-1989: 71-102; Fiocchi Nicolai 1990: 275-286; Cantino Wataghin – Pani Ermini 1995: 123-151; Fiocchi Nicolai 1995: 776-786; Pergola 1995: 1097-1100; Luttazzi 1996: 8-12; Fiocchi Nicolai 1997a: 78-83; Fiocchi Nicolai 1997b: 121-141; Fiocchi Nicolai 1997c: 96-100; Fiocchi Nicolai 1999: 69-233; Fiocchi Nicolai 2000: 341-362; Fiocchi Nicolai 2001: 305-338; Fiocchi Nicolai 2002: 1175-1201; Ebanista 2003; Fusco 2004: 10-28; Lehmann 2004; Fiocchi Nicolai 2006a: 421-435; Fiocchi Nicolai 2006b, 232-346; Fiocchi Nicolai 2007a: 107-126; Fiocchi Nicolai 2007b: 157-165; Fiocchi Nicolai 2008: 313-328; Fiocchi Nicolai 2009: 313-354; Nieddu 2009; Palombi 2009: 469-540; Angelelli 2010; Cuscito 2011: 301-315; Buonaguro 2011: 287-303; Gagliardo 2011: 100-123; Fiocchi Nicolai 2012: 143-153; Palombi 2012: 153-187; Lusuardi Siena – Neri 2013: 147-192; Sannazzaro 2014: 79-94; Fiocchi Nicolai – Spera 2015: 81-123; Ebanista 2016: 125-174; Fiocchi Nicolai 201: 619-670; Serra 2016: 1489-1504.
[79] Rispetto ad esempio agli ingombranti sarcofagi.

Dunque la basilica funeraria è certamente il luogo più adatto per la messa in posa del mosaico funerario, e ne è una riprova il fatto che in Bizacena, Zeugitana e nela stessa Italia presentino una percentuale maggiore di sepolture, fatte a mosaico, all'interno di basiliche.

Quindi abbiamo da un lato alcune zone dove il Cristianesimo, per quanto esistesse e fosse attestato, è arrivato relativamente tardi e con delle forme non invasive. Ad esempio in Sicilia, la vocazione latifondista, ha in qualche modo frenato l'espansione del Cristianesimo che per lo più è un fenomeno urbano. In Sardegna invece si ha un ridotto numero di martiri con conseguente penuria di santuari martiriali. In queste zone, dunque, il mosaico sepolcrale non ha trovato un terreno fertile, per quanto fossero altamente 'africanizzate' dal punto di vista musivo, e quindi almeno in potenza questo fenomeno avrebbe dovuto trovare un grande consenso. Indicativo è il fatto che in Sardegna tutti i mosaici funerari siano in qualche modo collegati a luoghi di culto martiriali: il mosaico di Nora, quelli di Cagliari e probabilmente di San Sperate, quello di *Forum Traiani* e chissà quelli di *Turris Libisonis*, proprio a testimonianza, e ad avvalorare la tesi, che l'habitat naturale del mosaico fosse la basilica funeraria.

Di contro, però, abbiamo zone come l'Italia centrale nelle quali la tradizione della basilica funeraria è decisamente radicata, ma si ritrovano botteghe musive restie all'utilizzo di cartoni esterni, con il conseguente ridotto numero di coperture tombali musive. Il mosaico funerario trova una resistenza all'interno di una comunità cristiana che, evidentemente, preferisce diverse soluzioni.

Il panorama che si ottiene è dunque paradossale: da una parte grandi aree dove i modelli africani sono ben conosciuti e largamente adoperati nell'arte musiva, dove però non esiste una forte tradizione di basiliche funerarie; dall'altra abbia la Penisola Italica con botteghe musive poco recettive ma con una grande diffusione dell'architettura basilicale funeraria.

6. BIBLIOGRAFIA

Ahqvist, A. 1995. *Pitture e mosaici nei cimiteri paleocristiani di Siracusa.* Corpus Iconographicum, Venezia.
Alexander, M. 1987. Mosaic Ateliers at Tabarka, *DOP*, 41, 1-11.
Álvarez Martínez, J. M. 1997, La influencia africana en el mosaico hispanorromano: algunas consideraciones, in *Anas*, 10, 39-50.
Amodio, M. 2005. La componente africana nella civiltà napoletana tardoantica. Fonti letterarie ed evidenze archeologiche, in *Memorie della Pontificia Accademia Romana di Archeologia, Serie III, Volume VI*, Roma.
Amodio, M. 2006. Note sulla presenta di stranieri a Napoli in età tardoantica, in *Africa Romana XVI*, 1101-1120.
Amodio, M. 2015. Africani e Giudei a Neapolis in età tardo-antica: alcune osservazioni, *Reti Medievali Rivista*, 16, 1, 97-108.
Angelelli, C. 2010. *La basilica titolare di S. Pudenziana. Nuove ricerche*, Città del Vaticano.
Angiolillo, S. 1981. *Mosaici antichi in Italia. Sardinia*, Roma.
Angiolillo, S. 1986. Modelli africani nella Sardegna di età romana: il mosaico di Santa Filitica a Sorso, in *L'Africa Romana IV*, 603-614.
Arengui Gascó, C. 1995. Los monumentos funerarios romanos descubiertos en Edeta (Llíria, Valencia), *SAGUNTUM*, 29, 197-210.
Artizzu, D. 2002. L'attestazione di un San Saturnino in un'epigrade altomedievale da Solanas, in P. G. Spanu (a cura di) Insulae Christi, Oristano, 201-208.
Ben Khader, A. – Fixot, M. – Roucole, S. 2011. *Sidi Jdidi. Le groupe episcopale*, Roma.
Blázquez Martínez, J. M. 2006. Mosaicos en Mauretania Tingitana y de Hispania. Temas in *L'Africa Romana*, 1395-1412.
Blázquez Martínez, J. M. - López Monteagudo, G. – García Gelabert, M. - Neira Jiménez, M. L. 1990. Influjos africanos en los mosaicos hispanos, in *L'Africa Romana 7* (II), 673-694.
Bonfant, M. 1635. *Triumpho de los santos del Reyno de Sardeña*, Cagliari.
Bovini, G. 1973. *Grado paleocristiana*, Bologna.
Buonaguro, S. 2011. La basilica paleocristiana anonima di Castelfusaro. Nuovi dati dagli scavi 2007-2008, in O. Brandt – Ph. Pergola (eds) Marmoribus Vestita. *Miscellanea in Onore Di Federico Guidobaldi*, Roma, 287-303.

Bueno, M. – Rinaldi, F. 2008. Influssi nord-africani nella produzione musiva geometrica dell'Italia centro-settentrionale tra l'età severiana ed il IV secolo? Una proposta di revisione, in *ARomana XVII*, 2609-2625.

Cantino Wataghin, G. - Pani Ermini, L. 1995. Santuari martiriali e centri di pellegrinaggio in Italia tra Tarda Antichità e Alto Medioevo, in E. Dassmann – J. Engemann, *Akten des XII Internationalen Kongresses für christliche Archäologie, Bonn, 22-28 september 1991, Münster,* 123-151.

Carmona, J. F. 1631. *Alabanças de los Santos de Sardeña,* Manoscritto conservato nella Biblioteca Universitaria di Cagliari.

Cintas, J. – Duval, N. 1958. L'église du prête Felix dans la región de Kélibia, *Karthago,* IX, 1958, 179-256.

Cisci, S. 2001. Il culto dei martiri sardi in Sardegna in età tardoantica e altomedievale attraverso le testimonianze storiche ed archeologiche, in *Rivista di Archeologia Cristiana* LXXVII, 371-406.

Clemente, G. 1982. Considerazioni sulla Sicilia nell'impero romano (III sec. a.C.- V sec. d.C.), en *Kokalos,* 26-27, 182-219.

Corda, A. M. 1999. *Le iscrizioni cristiane della Sardegna anteriori al VII secolo,* Città del Vaticano.

Corda, A. M. 2011. CIL X, 7533: l'iscrizione di Antioco, in R. Lai – M. Massa (eds.) *S. Antioco da primo evangelizzatore di Sulci a glorioso Protomartire 'Patrono della Sardegna',* Sant'Antioco, 99-105.

Coroneo, R. 2011. *Arte in Sardegna dal IV alla metà dell'XI secolo.* Cagliari.

Coroneo, R. – Martorelli R. 2013. Chiese e culti di matrice bizantina in Sardegna, in D. Michaelides - Ph. Pergola - E. Zanini (eds), *The insular system of the Early Byzantine Mediterranean. Archaeology and history.* Atti del Seminario (Nicosia, 24-25 ottobre 2007). *Limina / Limites* Archeologie, storie, isole e frontiere nel Mediterraneo (365-1556. 2. BAR International Series, 2523. Oxford, 47-61.

Cracco Ruggini, L. 1982. La Sicilia e la fine del mondo antico (IV-VI sec.), en *La Sicilia antica,* II, 2, E. Gabba – G. Vallet (eds), Siracusa.

Cugusi, P. 2003-2004. Per la storia di un'iscrizione metrica della provincia romana di Sardegna, in *Rendiconti della Pontificia Accadema Romana di Archeologia,* 76, 543-560.

Cuscito, G. 1977. *Cristianesimo antico ad Aquileia e in Istria,* Trieste.

Cuscito, G. 2011. Edilizia residenziale ed edifici di culto: un problema aperto, in *Histria Antiqua,* 20, 301-315.

David, M. - Crociati, E. - Milani G.P. 2016. Nuove ricerche sui mosaici funerari tardoantichi. I capisaldi cronologici, *Estudios sobre mosaicos antiguos y medievales. Actas del XIII Congreso del AIEMA* (Ed. L. Neira), Roma, 377-383.

De Fino, M. 2009. Diocesi rurali nella Sicilia tardoantica: i casi di Carini e Triocala, in *Vetera Christianorum*, 46, 31-55

De Maria, L. 1997. Coperture musive delle tombe pavimentali al S. Gennaro di Napoli, in *Atti del IV Colloquio AISCOM*, Ravenna, 637-644.

D'Esquivel, F. 1617. *Relacion de la invencion de los cuerpos santos que en los annos 1614.1615.1616 fueron hallados en varias yglesias de la ciudad de Calley y su Arzobispado*, Napoli.

Durán Penedo, M. 2010. Temas iconográficos relacionados con la producción de la triada mediterránea en los mosaicos del Norte de África y de Hispania, su interrelación con la annona, in *L'Africa romana*, 18, 501-526.

Duval, N. 1994. La place des églises des Baléares dans l'archéologie chretienne de la Méditerranée occidentale, in *III Reunió d'archeologia cristiana hispànica*, (Maó, 12-17 de setembre de 1988. Barcelona, 203-212.

Duval, Y. 1982. *Loca Sanctorum Africae: le culte des martyrs en Afrique du IV° au VII° s.* Roma.

Ebanista, C. 2003. Et manet in mediis quasi gemma intersita tectis. *La basilica di S. Felice a Cimitile. Storia degli scavi, fasi edilizie, reperti*, Napoli.

Ebanista, C. 2016. *Eodem tempore fecit Constantinus Augustus basilicam in Civitatem Neapolim*: nuovi dati sull'origine del gruppo episcopale partenopeo, in O. Brandt – G. Castiglia Acta XVI Congressus Internationalis Archaeologiae Christianae, Roma 22-28 settembre 2013, Città del Vaticano, 125-172.

Esquirro, S. 1624. *Santuario de Caller, y verdadera historia de la invencion de los cuerpos santos hallados en la dicha ciudad y su Arçobispado*, Cagliari.

Fasola, U. M. 1975. *Le catacombe di San Gennaro a Capodimonte*, Roma.

Ferri, G. 2015. L'apparato iconografico dei mosaici funerari in Sardegna: apporti esterni ed interpretazioni locali, in *Isole e terraferma nel primo Cristianesimo. Identità locali ed interscambi culturali, religioni e produttivi. Atti XI Convegno Nazionale di Archeologia Cristiana*, R. Martorelli A. Piras – P. G. Spanu (a cura di), Cagliari, 2015, 557- 564.

Février, P. 1965. Mosaïques funéraires chrétiennes datés d'Afrique du Nord, *CIAC*, VI, Ravenne 1962, Roma 1965, 433-456.

Fiocchi Nicolai, V. 1988-1989. Scoperta della basilica di S. Ilario 'Ad Bivium' presso Valmontone, in *Rendiconti della Pontificia Accademia Romana di Archeologia*, 61, 71-102.

Fiocchi Nicolai, V. 1990. Scavi nel cimitero e nella basilica di S. Ilario *Ad Bivium* presso Valmontone, in *Archeologia Laziale X. Decimo incontro di studio del Comitato per l'Archeologia Laziale (=Quaderni di Archeologia Etrusco-Italica, 19.* Roma, 275-286.

Fiocchi Nicolai, V. 1995. Una nuova basilica a deambulatorio nel comprensorio della catacomba di S. Callisto a Roma, in Akten des XII. Internationalen Kongresses für Christliche Archäologie, Bonn, 22.-28. september 1991, Münster, 776-786.

Fiocchi Nicolai, V. 1997a. La nuova basilica paleocristiana 'circiforme' della via Ardeatina, in Via Appia. Sulle ruine della magnificenza antica, Milano, 78-83.

Fiocchi Nicolai, V. 1997b. Strutture funerarie ed edifici di culto paleocristiani di Roma dal III al VI secolo, in Le iscrizioni dei cristiani in Vaticano. Materiali e contributi scientifici per una mostra epigrafica, Città del Vaticano, 121-141.

Fiocchi Nicolai, V. 1997c. Santuari martiriali della diocesi nomentana: S. Restituto, S. Eutiche, in Annali della Associazione Nomentana di Storia e Archeologia, 15/1, 96-100.

Fiocchi Nicolai, V. 1999. La nuova basilica circiforme della via Ardeatina (con appendice di M. P. Del Moro- D. Nuzzo e L. Spera), in Rendiconti della Pontificia Accademia Romana di Archeologia, 48, 69-233.

Fiocchi Nicolai, V. 2000. Gli spazi delle sepolture cristiane tra il III e il V secolo: genesi e dinamica di una scelta insediativa, in La comunità cristiana di Roma. La sua vita e la sua cultura dalle origini all'alto medioevo, Città del Vaticano, 341-362.

Fiocchi Nicolai, V. 2001. Tipologie monumentali dei santuari martiriali paleocristiani dell'Umbria, in Umbria cristiana. Dalla diffusione del culto al culto dei santi (secc. IV-X). Atti del XV Congresso Internazionale di Studi sull'Alto Medioevo, Spoleto, 23-28 ottobre 2000, Spoleto, 305-338.

Fiocchi Nicolai, V. 2002. Basilica Marci, coemeterium Marci, basilica coemeterii Balbinae. A proposito della nuova basilica circiforme della via Ardeatina e della funzione funeraria delle chiese 'a deambulatorio' del suburbio romano, in Ecclesia Urbis. Atti del Congresso Internazionale di Studi sulle chiese di Roma (IV-X secolo), Città del Vaticano, 1175-1201.

Fiocchi Nicolai, V. 2006a. Nuove ricerche e considerazioni sui santuari martiriali di S. Vittoria e S. Anatolia e sui rapporti con l'abbazia di Farfa, in Farfa abbazia imperiale. Atti del convegno internazionale, Farfa, Santa Vittoria in Matenano, 25-29 agosto 2003, Negarine di S. Pietro in Cariano, 421-435

Fiocchi Nicolai, V. 2006b. Su alcuni santuari martiriali di origine paleocristiana dipendenti dall'abbazia di Grottaferrata, in Rivista di Archeologia Cristiana, 82, 232-346.

Fiocchi Nicolai, V. 2007a. Il ruolo dell'evergetismo aristocratico nella costruzione degli edifici di culto cristiani nell'hinterland di Roma, in Archeologia e società tra tardo antico e alto medioevo. 12° Seminario sul Tardo

Antico e l'Alto Medioevo, Padova, 29 settembre- 1 ottobre 2005, a cura di G. P. Brogiolo, Mantova, 107-126.
Fiocchi Nicolai, V. 2007b. Santuari martiriali della via Salaria (territorio laziale), in *La Salaria in età tardoantica e altomedievale. Atti del Convegno di Studi*, Rieti-Cascia-Norcia-Ascoli Piceno, 28-30 settembre 2001, Roma, 157-165.
Fiocchi Nicolai, V. 2008. 'Sviluppi funzionali e trasformazioni monumentali dei santuari martiriali di Roma e del Lazio nella tarda antichità e nell'alto medioevo', in *Lo spazio del santuario. Un osservatorio per la storia di Roma e del Lazio*, Roma, 313-328.
Fiocchi Nicolai, V. 2009. Vocazione funeraria della basilica di S. Paolo sulla via Ostiense (Roma), in *Rivista di Archeologia Cristiana*, 85, 313-354.
Fiocchi Nicolai, V. 2010. Vocazione funeraria della basilica di San Paolo sulla via Ostiense, *Rivista di Archeologia Cristiana*, 85, 313-354.
Fiocchi Nicolai, V. 2012. Considerazioni sullo stato degli studi delle chiese suburbane di Roma, in *Hortus Artium Medievalium*, 18/1, 143-153.
Fiocchi Nicolai, V. 2016. Le aree funerarie cristiane di età costantiniana e la nascita delle chiese con funzione sepolcrale, in O. Brandt – G. Castiglia Acta XVI Congressus Internationalis Archaeologiae Christianae, Roma 22-28 settembre 2013, Città del Vaticano, 619-670.
Fiocchi Nicolai, V. - Spera, L. 2015. Sviluppi monumentali e insediativi dei santuari dei martiri in Sardegna, in *Isole e terraferma nel primo Cristianesimo. Identità locali ed interscambi culturali, religioni e produttivi. Atti XI Convegno Nazionale di Archeologia Cristiana*, R. Martorelli – A. Piras P. G. Spanu (a cura di), Cagliari, 81-123.
Flaminio, R. 2000. 'Cantaro', *Temi di iconografia paleocristiana*, F. Bisconti (a cura di), Città del Vaticano, 143-146.
Floris, P. 2005. *Le iscrizioni funerarie pagane di Karales*, Cagliari.
Foucher, L. 1958. *Thermes romains d'Hadrumète*, Tunis.
Fusco, U. 2004. Sant'Agnese nel quadro delle basiliche circiformi di età costantiniana a Roma e nel suo contesto topografico: lo stato degli studi, in M. Magnani Ciannetti – C. Pavolini (eds), *La basilica costantiniana di Sant'Agnese. Lavori archeologici e di restauro*, Milano, 10-28.
Gagliardo, M. C. 2011. Il sepolcreto dell'atrio e della basilica, in L. Venditelli (a cura di), *Il mausoleo di Sant'Elena. Gli scavi*, Milano, 100-123.
Grégoire, R. 2008. Introduzione all'antica letteratura agiografica sarda, in Orientis radiata fulgore. *La Sardegna nel contesto storico e culturale bizantino*. Atti del Convegno di Studi (Cagliari, 30 novembre - 1 dicembre 2007. L. Casula – A. M. Corda – A. Piras (eds). Studi e Ricerche di Cultura

Religiosa. Nuova Serie, VI. Cagliari: Pontificia Facoltà Teologica della Sardegna, 133-176.

Lai, R. – Massa, M. 2011. *S. Antioco da primo evangelizzatore di Sulci a glorioso Protomartire 'Patrono della Sardegna'*, Sant'Antioco.

Lehmann, Th. 2004. *Paulinus Nolanus und die Basilica Nova in Cimitile/ Nola. Studien zu einem zentrales Dennkmal der spätantik-frühchristlichen Architekrur*, Wiesbaden.

Leschi, L. 1952. *L'Algérie antique*, Paris.

Leynaud, A.F. 1910. *Les catacombes africaines: Sousse Hadrumète*, Alger.

Lilliu, G. 1948. Notiziario archeologico 1947, *StS*, VIII, 430.

Loddo Canepa, F. 1974. *La Sardegna dal 1479 al 1793*, Sassari.

López Monteagudo, G. 2002. Mosaicos romanos y elites locales en el N. De África y en *Hispania*, in *Archivo Español de Arqueología*, 75, 251-258.

López Monteagudo, G. - Blázquez Martínez, J.M. 2000. Representaciones del tiempo en los mosaicos romanos de *Hispania* y del Norte de África, in *Anas*, 13, 135-153.

Longu, P. 2013. Le ricerche dei *cuerpos santos* a Cagliari. I dati archeologici ed epigrafici, Tesi di Dottorato, Università degli Studi di Sassari.

Longu, P. 2016. *Le ricerche dei* cuerpos santos *a Cagliari. I dati archeologici ed epigrafici*, Tricase (LE).

Lupinu, G. 2000. *Latino epigrafico della Sardegna. Aspetti fonetici*, Nuoro.

Lusuardi Siena, S. – Neri, E. 2013. La basilica Portiana e S. Vittore al Corpo: un punto di vista archeologico, in R, Passarella (a cura di), *Ambrogio e l'Arianesimo*, Atti del settimos dies academicus, Studia Ambrosiana, 7, Milano, 147-192

Luttazzi, A. 1996. La basilica di S. Agapito alle Quadrelle, in *Archeologia e territorio*, 17-18, 8-12.

Maetzke, G. 1966. Porto Torres (Sassari). Tomba paleocristiana con rivestimento in mosaico, *NSc*, 255-265.

Mammino, G. 2004. *Gregorio Magno e la riforma della Chiesa in Sicilia*, Catania.

Marín Díaz, P. 2016. *Otium, Salubritas, Amoenitas. Decoraciones musivas y pictóricas en la Vega de Granada*. Tesi di dottorato, Universidad de Granada.

Martorelli, R. 2006. Il culto dei martiri in età tardoantica e medievale nel Mediterraneo; l'esempio della Sardegna, in *Le fait religieux en Méditerranée. Relations, échanges et coopération en Méditerranée. Actes du 128ème Congrès du CTHS (Bastia, 14-21 avril 2003). Études corses 62*, 39-53.

Martorelli, R. 2007. La diffusione del cristianesimo in Sardegna in epoca vandala, in *CNAC IX*, 1419-1448.

Martorelli, R. 2008. *Archeologia cristiana e medievale in Sardegna. Introduzione allo studio*, Cagliari.

Martorelli, R. 2010a. Il culto dei santi nella Sardegna giudicale, In *Itinerari del romanico in Sardegna*. I Convegno nazionale (Santa Giusta, 7 dicembre 2007). Cagliari, 75-84.

Martorelli, R. 2010b. Vescovi esuli, santi esuli? La circolazione dei culti africani e delle reliquie nell'età di Fulgenzio, in A. Piras (ed.) Lingua et ingenium. *Studi su Fulgenzio di Ruspe e il suo contesto*. Ortacesus, 385-442.

Martorelli, R. 2010c), Il culto di santa Cecilia a Cagliari nell'altomedioevo. Una testimonianza ignorata, in *ArcheoArte. Rivista elettronica di Archeologia e Arte. Università degli studi di Cagliari. Dip. di Scienze archeologiche e storicoartistiche* 1, 85-102.

Martorelli, R. 2011. Le catacombe di Sant'Antioco, R. Lai - M. Massa (eds) *S. Antioco da primo evangelizzatore di Sulci a glorioso Protomartire 'Patrono della Sardegna*, Sant'Antioco, 59-76.

Martorelli, R. 2012a. La circolazione dei culti e delle reliquie in età tardoantica ed altomedievale nella penisola italica e nelle isole, in *CNAC* X, 231-263.

Martorelli, R. 2012b. *Martiri e devozione nella Sardegna alto- medievale e medievale*. Cagliari.

Martorelli, R. 2012c. Il culto dei martiri in Sardegna. Osservazioni su un'epigrafe del Museo Archeologico Nazionale di Cagliari, in A.M. Corda - P.G. Floris eds. Ruri mea vixi colendo. *Studi in onore di Franco Porrà*. Ortacesus, 319-338.

Martorelli, R. 2016. Riferimenti topografici nella *Passiones* dei martiri sardi, in A. Piras - D. Artizzu, *L'agiografia sarda antica e medievale: testi e contesti. Atti del Convegno di studi (Cagliari, 4-5 dicembre 2015*. Cagliari, 161-198

Martorelli, R. - Mura, L. - Muresu, M. - Soro, L. 2015. Il ruolo delle isole maggiori e minori nella diffusione del culto dei santi. Dinamiche e modalità di circolazione della devozione, in *Isole e terraferma nel primo Cristianesimo. Identità locali ed interscambi culturali, religioni e produttivi. Atti XI Convegno Nazionale di Archeologia Cristiana*, R. Martorelli - A. Piras P. G. Spanu (a cura di), Cagliari, 221-254.

Massara, F. P. 2000. Magi, *Temi di iconografia paleocristiana*, F. Bisconti (a cura di), Città del Vaticano, 205-211.

Mastino, A. 1984. Popolazione e classi sociali a *Turris Libisonis*: i legami con Ostia, A. Boninu - M. Le Glay - A. Mastino (ed.) Turris Libisonis colonia Iulia, Sassari, 37-104.

Mastino, A. 1999. La Sardegna cristiana in età tardo-antica, en *La Sardegna paleocristiana tra Eusebio e Gregorio Magno*, A- Mastino – G. Sotgiu – N. Spaccapelo (eds), Cagliari, 263-307.

Mastino, A. 2007. Una traccia della persecuzione dioclezianea in Sardegna? L'*exitium* di Matera e la *susceptio a sanctis marturibus* di Adeodata nella *Turris Libisonis* del IV secolo, in *Sandalion*, 26-28, 155-203.

Mazza, M. 1982. Economia e società nella Sicilia romana, in *Kokalos*, 26- 27, 292-358.

Mazzei, B. 2000. Colomba, *Temi di iconografia paleocristiana*, F. Bisconti (a cura di), Città del Vaticano, 153-154.

Mazzoleni, D. 1997. Origine e cronologia dei monogrammi: riflessi nelle iscrizioni dei Musei Vaticani, in *Le iscrizioni dei cristiani in Vaticano. Materiali e contributi scientifici per una mostra epigrafica*, I. Di Stefano Manzella (ed.), Città del Vaticano, 165-171.

Meloni, P. 1990. *La Sardegna Romana*, Sassari.

Mureddu, D. 2002. Il culto cristiano dei primi secoli a Nora, in Insulae Christi, P. G. Spanu (a cura di), Oristano, 197-200.

Mureddu, D. – Salvi, D. Stefani, G. 1988. Sancti innumerabiles. *Scavi nella Cagliari del Seicento: testimonianze e verifiche*. Oristano.

Mureddu, D. – Stefani, G. 1985. La diffusione del mosaico funerario africano in Sardegna; scoperte e riscoperte, *Africa Romana III*, 339-361.

Neira Jiménez, L. N. 1991. Acerca de las representaciones de *thiasos* marino en los mosaicos romanos Tardo-antiguos de *Hispania*, in *Arte, sociedad, economía y religión durante el Bajo Impero y la A. Tardía. Antig. Cristiana (Murcia)*, 8, 513-539.

Neira Jiménez, M. L. 2007. Aprocimación a la ideología de las elites en *Hispania* durante la Antigüedad Tardía. A propósito de los mosaicos figurados de *domus* y *villae*, in *Anales de Arqueología Cordobesa*, 18, 263-290.

Nieddu, A. M. 2002. L'arte paleocristiana in Sardegna: la pittura, in Insulae Christi, P. G. Spanu (ed.), Oristano.

Nieddu, A. M. 2009. *La Basilica Apostolorum sulla via Appia e l'area cimiteriale circostante*, Città del Vaticano.

Novara, L. 1975. Salemi. Un centro paleocristiano della Sicilia occidentale, *Sicilia Archeologica*, 28-29, 47-56.

Noy, D. 1993. *Inscriptions of Western Europe, I*, Cambridge.

Nuzzo, D. 2011. Apulia et Calabria. Regio II. Inscriptiones Christianae Italiae 13, Bari.

Oppo, C. 2002. Il santuario si San Lussorio a Forum Traiani. Alcune note sulla chiesa bizantina, *Città, territorio, produzione e commerci nella Sardegna*

medievale. Studi in onore di Letizia Pani Ermini offerti dagli allievi sardi per il settantesimo compleanno, R. Martorelli (a cura di), Cagliari, 169-185.
Palombi, C. 2009. Nuovi studi sulla basilica di San Valentino sulla via Flaminia, in *Rivista di Archeologia Cristiana*, 85, 469-540.
Palombi, C. 2012. La basilica di S. Valentino sulla via Flaminia. Nuove ricerche sull'assetto della zona presbiteriale, in H. Brandenburg – F. Guidobaldi (eds.), *Scavi e scoperte recenti nelle chiese di Roma. Atti della giornata tematica dei Seminari di Archeologia Cristiana*, Città del Vaticano, 153-187.
Pani Ermini, L. 2003. Scavi e scoperte di archeologia cristiana in Sardegna dal 1983 al 1993, in *1983-1993: dieci anni di archeologia cristiana in Italia*, E. Russo (ed.), Cassino, 891-934.
Pani Ermini, L. – Manconi, F. 2002. Nuove ricerche nel complesso di San Gavino di *Turris Libisonis*, in Insulae Christi, P. G. Spanu (a cura di), Oristano, 289-314.
Pergola, Ph. 1995. Sanctuaires locaux et sanctuaires internationaux à Rome: le cas des basilique de Domitille et de Generosa, in *CIAC XII*, 1097-1100.
Pinna, F. C. 2011. Una testimonianza del culto di San Simplicio nel territorio di Luogosanto (Olbia-Tempio), in Theologica & Historica. *Annali della Ponticia Facoltà Teologica della Sardegna* XX, 329-346.
Quattrocchi, L. 2014. Mosaicos funerarios de Cerdeña, in *Religiosidad, rituales y practicas mágicas en los mosaicos romanos*, L. Neira Jiménez (ed.), Madrid, 2014.
Quattrocchi, L. 2015a. La cultura musiva di Cagliari, *Onoba*, 3, 217-234.
Quattrocchi, L. 2015b. Le maestranze italiche nei pavimenti musivi di *Caralis* e *Turris Libisonis*, in SAGUNTUM. *Papeles del Laboratorio de Arqueología de Valencia*, 139-145
Quattrocchi, L. 2017a. Los mosaicos funerarios de Túnez, España e Italia. Siglos III-VII, Tesi di Dottorato, Universidad Carlos III de Madrid – Università degli Studi di Sassari.
Quattrocchi, L. 2017b. Il fenomeno dei mosaici funerari in *Hispania* nei secoli IV-VI, in *Anales de Arqueología Cordobesa*, c.d.s.
Quattrocchi, L. 2017c. Una bottega musiva locale a *Caralis*, in *Dialoghi sull'Archeologia della Magna Grecia e del Mediterraneo. Atti del I Convegno Internazionale di Studi, Paestum 7-9 settembre 2016*, A Pontrandolfo – M. Scafuro (a cura di), *Paestum*, 1295-1300.
Quattrocchi, L. 2017d. The tomb mosaic of *Fl(avius) Rogatianus* at *Forum Traiani* (Oristano, *Sardinia*), in SAGUNTUM, c.d.s.
Quattrocchi, L. 2017e. Il fenomeno del mosaico funerario in Italia e isole maggiori nei secoli IV-VIII, in *III Ciclo di Studi Medievali, Atti del Convegno 8-10 settembre 2017 Firenze*, Monza, 367-379.

Raynal, D. 2005. *Archéologie et histoire de l'Église d'Afrique. Uppenna II. Mosaïques funéraires et mémorie des martyrs*, Tolosa.

Salvi, D. 2002. Cagliari: l'area cimiteriale di San Saturnino, in Insulae Christi, P. G. Spanu (a cura di), Oristano, 215-223

Sangiorgi, S. 2002. L'arte paleocristiana in Sardegna: i mosaici. Alcune considerazioni, in Insulae Christi, P. G. Spanu (a cura di), Oristano, 341-364.

Sannazzaro, M. 2014. Lo sviluppo urbanistico di Milano in età paleocristiana, in *Lanx*, 19, 79-94.

Serra, P. B. 1995. Campidano maggiore di Oristano: ceramica di produzione locale e d'importazione e altri materiali d'uso nel periodo tardoromano e altomedievale, *La ceramica racconta la storia, Atti del Convegno 'La ceramica artistica, d'uso e da costruzione nell'Oristanese dal Neolitico ai giorni nostri'*, Oristano, 177-220.

Serra, S. 2016. *Fecti basilicam sub arenario cryptae. La basilica maior* di S. Lorenzo fuori le mura: nuove considerazione sulla cronologia e l'architettura, in O. Brandt – G. Castiglia Acta XVI Congressus Internationalis Archaeologiae Christianae, Roma 22-28 settembre 2013, Città del Vaticano, 1489-1504.

Sgarlata, M. 1998. Il sarcofago di Adelfia, in Et fuit lux. *Le catacombe e il sarcofago di Adelfia*, Palermo- Siracusa, 15-50.

Solin, H. 1982. *Die griechischen Personennamen in Rom. Ein Namenbuch*, New York – Berlin.

Spanu, P. G. 1998. *La Sardegna bizantina tra VI e VII secolo*, Oristano.

Spanu, P. G. 2000. Martyria Sardiniae. *I santuari dei martiri sardi. Mediterraneo tardoantico e medievale. Scavi e ricerche*, 15, Oristano.

Spinazzola, V. 1907. Di un mosaico cristiano e di altre scoperte antiche nel territorio di Teano, *Atti della Reale Accademia dei Lincei*, V/A, 697-703.

Taglietti, F. 2016. Un mosaico inedito da vecchi scavi nella necropoli di Porto all'Isola Sacra, in *AISCOM XXI*, 377-388.

Tavano, S. 1986. *Aquileia e Grado. Storia, arte, cultura*, Trieste.

Teatini, A. 2011. *Repertorio dei sarcofagi decorati della Sardegna Romana*, Roma.

Verrando, G. N. 1985. L'attività edilizia di papa Giulio I e la basilica al III miglio della via Aurelia *ad Callistum*, in *MEFRA*, 97, 1021-1061.

Vitale, E. 1997. Alcune osservazioni sui mosaici della basilica della Pirrera (Santa Croce Camerina), *AISCOM IV*, 217-232.

Volpe, G. - Annese, C. - Ciminale, M. - Corrente, M. - De Felice, G. - De Santis, P. - Favia, P. - Gallo, D. - Giuliani, R. - Leone, D. - Nuzzo, D. - Rocco, A. - Turchiano, M. 2002. Il complesso episcopale paleocristiano di San Pietro a Canosa, *Vetera Christianorum*, 39, 133-190.

Volpe, G. - Annese, C. - Leone, D. - Rocco, A. 2005. I mosaici pavimentali del complesso paleocristiano di San Pietro a Canosa (BA), *AISCOM X*, 99-120.

Zavotto, P. L. 1963. *I mosaici paleocristiani delle Venezie*, Udine.

Zedda, M. 2004. *Fordongianus. Memorie litiche, immagini, frammenti di storia civile e religiosa*, Is Concas.

Zettler, A. 1993. Inscriptiones Aquileiae, Vol. III, Udine.

Zucca, R. 1989. *Forum Traiani* alla luce delle nuove scoperte archeologiche, in *Il suburbio delle città in Sardegna: persistenze e trasformazioni*, Taranto, 125-143.

Zucca, R. 1999. Martyrium Luxurii, *La Sardegna paleocristiana tra Eusebio e Gregorio Magno. Atti del Convegno Nazione di* Studi, (Cagliari, 10-12 ottobre 1996. Studi e Ricerche di Cultura Religiosa, A. Mastino - G. Sotgiu - N. Spaccapelo (eds.), Cagliari, 515-523.

6.1 Abbreviazioni

CSIR - D - 2 = Bauchhenß, G. 1984. *Die große Iuppitersäule aus Mainz*, Corpus Signorum Imperii Romani. Deutschland, Mainz.

DG = C. Balmelle - M. Blanchard Lemée - J. Christophe - J. P. Darmon - A. M. Guimier-Sorbets - H. Lavagne - R. Prudhomme - H. Stern, *Le décor geometrique de la mosaïque romaine*. I-II, 1985, 2002.

EIKarales = Mureddu, D. Zucca, R. 2003. Epiteti inediti della necropoli sud orientale di *Karales (Sardinia)*, *Epigraphica*, 65, 117-145.

IlSard I = Sotgiu, G. 1961. *Iscrizioni latine della Sardegna* (Supplemento al CIL X), Padova.

MAD = Khanoussi, M. - Mourir, L. 2002. *Mourir à Dougga. Receuil des inscriptions funéraires*, Bordeaux.